Curt Glaser
Edvard Munch

SEVERUS Verlag

Glaser, Curt: Edvard Munch. Eine Künstlerbiographie des norwegischen Expressionisten mit zahlreichen Abbildungen. 2019
Neuauflage der Ausgabe von 1922
ISBN: 978-3-96345-220-8

Umschlaggestaltung: Annelie Lamers, SEVERUS Verlag
Umschlagmotiv: www. pixabay.com

Bibliografische Information der Deutschen Nationalbibliothek: Die Deutsche Nationalbibliothek verzeichnet diese Publikation in der Deutschen Nationalbibliografie; detaillierte bibliografische Daten sind im Internet über https://dnb.de abrufbar.

Der SEVERUS Verlag ist ein Imprint der Bedey & Thoms Media GmbH, Hermannstal 119k, 22119 Hamburg

SEVERUS Verlag, 2019
http://www.severus-verlag.de
Gedruckt in Deutschland
Der SEVERUS Verlag übernimmt keine juristische Verantwortung oder irgendeine Haftung für evtl. fehlerhafte Angaben und deren Folgen.

Curt Glaser

Edvard Munch
Eine Künstlerbiographie des norwegischen
Expressionisten mit zahlreichen Abbildungen

MIX
Papier aus verantwortungsvollen Quellen
Paper from responsible sources
FSC® C105338

EDVARD MUNCH

VON

CURT GLASER

1922

DRITTE DURCHGESEHENE
UND ERWEITERTE AUFLAGE

DEM ANDENKEN
MEINES SCHWIEGERVATERS
KONSUL HUGO KOLKER
IN BRESLAU

INHALT

Lebenslauf 9
Die Jugendwerke 27
Das Schicksal des Künstlers 53
Der Fries des Lebens 62
Die graphischen Arbeiten der ersten Epoche . . . 85
Persönlichkeit und Entwicklung 111
Die neue Schaffenszeit 117
Die graphischen Arbeiten der zweiten Epoche . . 145
Die Kunst und das Leben 167
Die Universitätsbilder 173
Der Weg zum Alter 186
Die jüngsten Werke 191
Nachwort 205

Selbstbildnis. 1882.

Mann und Weib. Holzschnitt. 105.

LEBENSLAUF

DER Name Edvard Munch bedeutet ein Programm. Es ist das Schicksal dieses Malers, daß seine Kunst lange Zeit nicht rein und um ihrer selbst willen gewertet wurde, sondern daß sie ein Kampfplatz war, als er zum ersten Male in die größere Öffentlichkeit trat, ein Kampfplatz blieb, noch, als der Fünfzigjährige seiner Vaterstadt das reife Werk schenkte.

Andere haben um Anerkennung gerungen. Manche haben sie spät gefunden, manche nie. Es sind viele, denen Künstlerlos kein leichtes Schicksal war. Munch gehört zu ihnen, obwohl sein Name rasch einen Klang gewann. Denn es ist schwer zu sagen, von welcher Seite stärkere Gefahr droht, von dem falschen Bewunderer oder dem wahren Feinde.

Kampf stählt die Nerven. Starke Gegner ehren den Mann. Schwerer ist es, mißverstehenden Freunden sich zu entziehen. Manchem Künstler wurden sie zum Verderben. Wer sich loben läßt, gibt leicht die Freiheit preis. Die Begeisterten rufen da capo, und der Künstler beginnt sein Stücklein von neuem, um jedem zu dienen, dem er gefiel.

Kein traurigeres Los als das des Künstlers, der besser seinen Ruhm nicht erlebt hätte, um ihn nicht zu überdauern. Munch wußte im rechten Augenblick stets seine Bewunderer zu fliehen. Das ist seine Stärke, daß er nicht leichtem Erfolge sich hingibt, daß er nicht hinabstieg, um dem Beifall der Menge näher zu sein, sondern immer weiter sich zurückzog in die Einsamkeit, wo nur von fern noch ein leises Echo der Welt zu ihm dringt.

So wahrte er sein Eigentum und ging sicher und unbeirrt seinen Weg, den die innere Stimme allein ihm gewiesen hat. Den Lockungen des Herakles begegnete auch er. Aber er verschmähte billigen Ruhm und eitles Geld, weil er den Ruf zu Höherem in sich fühlte. In einer kurzen Jünglingszeit träumten viele von diesem freien Reich der Kunst. Aber wenn der Erfolg ihnen winkte, wurden sie brave Handwerker und würdige Professoren. So heißen sie nützliche Mitglieder der menschlichen Gesellschaft, üben einen Beruf wie andere, denen die Arbeitsteilung ihre Aufgaben zuwies. Kultur zeugt einen Bedarf an künstlerischen Werten, und die ihn befriedigen, haben ein Recht, auf Entlohnung und bürgerliche Ehren.

Der Künstler aber steht außerhalb der Gesellschaft. Er schafft keinem zu Liebe und keinem zu Nutzen als nur sich selbst. Um nichts als ihrer selbst willen wächst wahre Kunst. Sie wurzelt in dem Boden gesellschaftlicher Kultur. Aber sie löste sich von ihm. So ist es ihr Schicksal, daß sie, frei geworden, selbst von neuem eine Zwecksetzung, eine Notwendigkeit ihrer Existenz sich schaffen muß.

Solange Kunst in dienender Stellung verharrte, solange mußte auch der Künstler Handwerker bleiben. Er war es im Altertum, und er war es im Mittelalter wieder. Er arbeitete an künstlerischen Lösungen, aber der versteht sie schlecht, der vergißt, daß sie immer übergeordneten Zwecken dienstbar waren. Erst der Barock zeitigte eine Romantik, die dem Künstler Selbstherrlichkeit verlieh. Michelangelo diktierte die Gesetze seines Wollens denen, für die er schuf. Darum ist die Geschichte seines Lebens die erste große Künstlertragödie der neueren Zeit. Von nun an bleibt sie des wahrhaft Schaffenden typisches Schicksal. Wenigen nur war es ganz erspart. Rembrandt litt so. Je näher wir unserer Zeit kommen, je weiter sich die

Kunst dem ehemaligen Wurzelboden entfernt, um so häufiger werden die Leiden der Verkannten.

Autonomie der Kunst macht den Künstler zu einem Entrechteten des Lebens. Wer sein Schaffen bewußt außerhalb der Notdurft praktischen Daseins stellt, darf für sich nicht das Recht sozialer Förderung verlangen. Die Freiheit des Künstlerberufes in diesem neuen Verstande lockt leicht eine zügellose Jugend. Aber wenn Sturm und Drang vorüber, ist eine behagliche Pfründe das bessere Ziel. Das Jahr 1913 war das Jahr der Fünfzigjährigen. Und alle fast, die so gern sich feiern ließen, die Revolutionäre von einst, waren nun wohlhabende Bürger, oder sie grollten, daß die Mitwelt noch immer den klingenden Lohn ihnen versagte.

Auch Munch war unter der Zahl. Auch seiner Kunst gab endlich der Markt ihren Geldeswert. Aber er achtete dessen kaum. Er achtet des Reichtums, der ihm ungerufen kommt, so wenig wie er der Armut achtete, die er heiter trug. Wenigen nur sind die materiellen Bedingtheiten der Existenz so fremd wie Munch. Er schreitet durch das Leben, ohne nach rechts oder nach links zu blicken, denn er sieht nichts als seine Kunst. Durch seine Kunst erst sieht er das Leben. Nicht viele empfinden mit gleich gesteigerter Intensität das Dasein, haben leidenschaftlicheren Sinn für die Menschen und die Tiere und alle lebenden Wesen dieser Welt. Aber jedes Erlebnis wird ihm zum Werk. Schmerzhaft ist das Ringen um Befreiung von dem Druck dieses Mitempfindens, die sich im künstlerischen Schaffen vollzieht.

Die Lyrik ist die subjektivste der Künste, das Icherlebnis das allerpersönlichste Motiv. Den Mitlebenden wird es bedeutungsvoll nur durch den symbolhaften Charakter, der das bewußte Erleben einer starken Individualität zu beispielhafter Überexistenz steigert. Munchs Kunst ist lyrisch in diesem Sinne. Er geht nicht vom Objekt aus, sondern von den Schwingungen, die das Schauen des Daseins in seiner Seele erzeugt. Und mit dieser subjektivsten Form künstlerischen Schaffens stellt er sich zugleich am weitesten außerhalb des Kreises sozialer Nützlichkeit und praktischer Forderungen. Um endlich von einer höheren Warte und aus der Fülle eines gesteigerten Menschentums der Mitwelt ein Lebensbild aufzurichten, das durch seinen Charakter vorbildlicher Reinheit und Intensität zu einem Symbol wird und so in das Leben wieder herniedersteigt, um ihm ein leuchtendes Abbild höheren Daseins zu zeigen, wie es einst aus den Niederungen zur Freiheit emporgestiegen war.

Dies ist der Inhalt von Munchs Kunst, dies der Sinn seines Lebens. Die nur den Menschen sehen, und nicht den Künstler, müssen ihn für einen Sonderling nehmen. Er war es als junger Bohémien, nicht anders als viele in den Jahren erster feuriger Begeisterung. Und auch daß er dem Rausch des Daseins, das er mit vollen Zügen lebte, den Rausch des Weines als Steigerung gesellte, hatte er mit anderen gemeinsam. Aber daß er nicht dem Leben erlag und nicht dem Rausche, das erst zeigt seine Stärke, daß er nicht dem Erfolg die Hand reichte oder am Alkohol zugrunde ging, das unterschied ihn von anderen. Durch Enthaltsamkeit gesundete er zum Leben, um nun erst in einer erneuten Welt sich selbst ganz zu finden und doch der zu bleiben, der er gewesen.

Jeder, der Munch begegnete, weiß von kleinen Absonderlichkeiten zu erzählen, von erheiternden Mißverständnissen und merkwürdigen Unbeholfenheiten, die alle gleichermaßen eine Ratlosigkeit gegenüber den Forderungen praktischen Daseins bekunden. Das war vor vierzig Jahren nicht anders als heut. Dem Leben kam Munch nicht näher in dieser Zeit, denn er gehört nur seiner Kunst. Und er fürchtet, was andere suchen. Fürchtet die Ruhe eines behaglichen Daseins. Verurteilt sich selbst zum Leben in einem unscheinbaren Hause, obwohl ihm ein herrliches Stück Land am Fjord von Kristiania zu eigen ist. Er lebt in Räumen, die fast jeder Einrichtung bar sind, weil Besitz ihm wie drohende Last scheint, und weil er nur die unmittelbare Notdurft seines Lebens erkennt, nichts, was dieses Dasein anderen verschönt. Ein Bett, ein Stuhl, ein Tisch. Darüber hinaus nichts als das Handwerkszeug seiner Kunst. Und der einzige Luxus, den er sich gönnte, daß er ein ganzes Haus von Mietern säuberte, um in allen Räumen frei zu schalten, um verschiedene Farben und Beleuchtungen zu erproben und sich mit seinen Bildern zu umgeben, die seine Welt bedeuten.

So inkarnierte sich in diesem Menschen die Autonomie der Kunst, die Selbstherrlichkeit und Selbstbestimmung, die dem Künstler ein Recht gibt, sich außerhalb der gesellschaftlichen Ordnung zu stellen. Er wurde vom Schicksal auserwählt, und darum ward ihm die Kraft, dieses Los zu tragen, bis er reif war, sein Werk einer widerstrebenden Welt aufzuzwingen.

Jörgen Sörensen. 1885.

Wer Munchs edelgeschnittene Züge einmal gesehen hat, weiß, daß er von gutem Stamme ist. Am 9. Dezember 1863 wurde er in dem Orte Löiten in Hedemarken geboren. Sein Großvater war Geistlicher, der Vater Arzt, und in einem Oheim hatte die Familie ihrem Lande den bedeutendsten Geschichtsschreiber gegeben. Die Kindheit im Hause eines strengen, bigotten Vaters und einer kränklichen Mutter mag dem Heranwachsenden nicht immer leicht gewesen sein. Siechtum und Tod waren zu Gast. Schwindsucht raffte die Mutter dahin, Schwestern starben früh. Der Knabe selbst ward von Krankheit heimgesucht. Aus Löiten, wo der Vater Kreisarzt war, siedelte die Familie nach Kristiania über. Edvard wurde zum Ingenieur bestimmt, um seinem früh bemerkten zeichnerischen Talent in einem bürgerlichen Berufe Rechnung zu tragen. Er besuchte die technische Schule seiner Heimatstadt. Aber ein schweres Krankenlager unterbrach die Studien, und nun ward seinem Wunsche Erfüllung. Er ging zum Künstlerberufe über und trat in die Kunst- und Gewerbeschule ein. Des Achtzehnjährigen Meister war der Bildhauer Middlethun.

Munch schloß sich dem Kreise jugendlicher Künstler an, denen die neuen Lehren, die von Frankreich und Deutschland gekommen waren, das Heil der Kunst dünkten. Christian Krogh, der um diese Zeit selbst erst ein Dreißiger war, wurde zum Führer der Generation. Er brachte die Technik und die Farbe, die Manet in seinen späten Jahren ausgebildet hatte, nach dem Norden. Mit Bastien-Lepage in Frankreich, mit Uhde in Deutschland steht er in einer Reihe. Er gehört zu den Reichbegabten, denen doch die höhere Geistigkeit eines selbständigen Künstlertums versagt bleibt, die aber, der Menge verständlicher, rascheren Erfolg ernten, wenn auch nicht immer gleichermaßen Dauer ihn lohnt. Den jungen Norwegern zu Anfang der achtziger Jahre ward Christian Krogh zum Propheten der neuen Kunst, und seinem Einfluß unterlag sichtlich auch Munch, dessen künstlerische Ausdrucksformen in seiner frühen Zeit denen des Älteren gleichen. Die Ähnlichkeit geht so weit, daß die Legende entstehen konnte, in Kroghs Hauptbilde, der „Albertine", das 1889 entstand, sei eine der weiblichen Figuren von Munch selbst gemalt. Der historischen Wahrheit entspricht die oft wiederholte Erzählung nicht, aber Munchs eigene Bilder dieses Jahres, der große „Frühling", das Porträt Hans Jägers, sind in der Tat auf die gleichen Töne gestimmt, haben dieselben nach Grau gebrochenen Farben und die fest vertriebene Materie der Spachteltechnik, wie ähnlich Uhde zur gleichen Zeit in Deutschland sie übte.

Die sieben Jahre von 1882 bis 1889 können Munchs eigentliche Lehrzeit heißen. Im Keime bereitet sich das Künftige. Themen, die später lange weiterklingen sollten, werden jetzt zuerst angeschlagen. Aber die Ausdrucksform hält sich im Rahmen einer schulmäßigen Tradition.

Die Schwester des Künstlers. 1889.

Ein neues Wollen regt sich, noch ehe die Sprache gefunden ist, die es Gestalt werden läßt.

Wenn schon diese ersten Werke, als sie in Ausstellungen dem Publikum gezeigt wurden, auf heftigsten Widerspruch stießen, so galt solches Urteil einem Stile, der damals noch keineswegs sich durchgesetzt hatte, der kühn und aufrührerisch schien, den Munch selbst aber innerlich bereits überwunden hatte. Trotzdem konnte den starken Leistungen des jungen Künstlers der Erfolg nicht fehlen. Den Sommer des Jahres 1888 verbrachte er zum ersten Male in Aasgaarstrand, wo er die Landschaft fand, die er gesucht hatte, und das große Gemälde, das dort entstand, erwarb einem höhnenden Publikum zum Trotz der Maler Werenskiold.

Der folgende Winter sah Munch wieder auf einem langen und hartnäckigen Krankenlager. Bei den Einsichtigen war sein Ruf nun gefestigt, und einflußreiche Freunde brachten es dahin, daß ihm ein Staatsstipendium erteilt wurde. Munch ging nach Paris. Er ließ sich in Bonnats Atelier aufnehmen. Aber die nüchterne Lehre des Akademikers konnte dem jungen Mann, der längst jeder Schule entwachsen war, nicht viel mehr geben. Um so eifriger erfaßte er all das Neue, das er um sich sah. Pissarros Kunst übte tiefen Eindruck. Er vernahm das neue Evangelium, das Seurat und Signac verkündeten, und auch von der Welt, die Gauguin der Kunst erschloß, mag schon damals eine Kunde zu Munch gedrungen sein. In der Folgezeit lebte und arbeitete er teils in Frankreich und an der Riviera, teils in der Heimat. Zwei Ausstellungen, die er in Kristiania veranstaltete, hatten den gewohnten Mißerfolg bei Presse wie Publikum.

Ein Zufall brachte die erste entscheidende Wendung. Der norwegische Maler Normann, der in Berlin lebte, schlug im Verein Berliner Künstler vor, seinen jungen Landsmann zu einer Ausstellung in der Reichshauptstadt einzuladen. Die damals zustimmten, ahnten nicht, wie folgenreich dieser Schritt für das gesamte Berliner Kunstleben werden sollte. Ein allgemeiner Sturm der Entrüstung erhob sich, als die Ausstellung im Architektenhause eröffnet wurde. Ludwig Pietsch war nur der Wortführer der allgemeinen Stimmung, als er energisch den Schluß dieser schändlichen Veranstaltung forderte. Anton von Werner, der Vorsitzende der Vereinigung, die Munch aus freien Stücken zu Gast geladen hatte, verlangte nicht minder kategorisch die

Straße in Kristiania. 1889.

Zurückziehung der Bilder. In einer stürmischen Sitzung prallten die Gemüter heftig aufeinander. Man war nicht gar so uneinig in der Verurteilung von Munchs Kunst. Aber der schnöde Bruch des Gastrechts erschien vielen doch als unerlaubt und ehrlos. Trotzdem siegten die Gegner. 200 Stimmen standen gegen 130. Und nach wenigen Tagen ihres Bestehens ward die Ausstellung geschlossen.

Munch hatte wohl an nichts weniger gedacht als an einen solchen Erfolg. Er war gezwungen, seine Bilder zurückzuziehen, aber er wollte nicht auf seine Ausstellung verzichten, nachdem er die 55 Werke von Kristiania nach Berlin überführt hatte. Er mietete ein Lokal in der Friedrichstraße, in dem er nun unter eigener Verantwortung seine Gemälde zeigte.

Im Kunstverein führte das Ereignis zu einer Spaltung, die schließlich den Austritt einer großen Zahl der Mitglieder und die Gründung der Berliner Sezession zur Folge hatte. Aber Munch selbst, dessen Werke den Zündstoff nach Berlin getragen hatten, blieb abseits. In einem Freundeskreis, dem Strindberg und Przybyszewski angehörten, fand er die Anregung, die er brauchte. Berlin wurde ihm nun zur zweiten Heimat, und seine Zeit teilte sich zwischen Deutschland und Norwegen. Reisen nach Paris und Italien kamen hinzu. Ähnliche Ausstellungen wie die im Equitable-Palast schlossen sich in den beiden folgenden Jahren noch an. In Moabit die eine, Unter den Linden die andere. Aber das große Ereignis blieb jene erste, die als unschuldiger Anlaß der Funke geworden war, der ein Pulverfaß entzündet.

Das war im Jahre 1892 gewesen. Munch war damals ein Dreißiger, und die Bilder, die in jener Ausstellung des Architektenhauses hingen, erscheinen heut wie klassische Schöpfungen einer Vergangenheit, die längst jeder Diskussion enthoben sind. Nicht so die Werke, die ein Jahrzehnt später die Berliner Sezession zeigte. Die neue Künstlervereinigung in Berlin, zu deren Entstehen Munch den Anlaß gegeben hatte, war keineswegs auch vom ersten Tage an für seine Kunst eingetreten. Den Formfehler, den man begangen hatte, verurteilten viele. Darum hatten sie für den ausländischen Gast Partei genommen. Aber Munchs Kunst standen die meisten auch unter den Jüngeren zögernd, viele ablehnend gegenüber. So bedurfte es im Jahre 1902 nicht weniger Verhandlungen, bis Munch eine Ausstellungsgelegenheit eingeräumt wurde, wie er sie wünschte und brauchte. Munch war nicht damit gedient, ein paar Bilder zeigen zu können, wie andere es tun. Er dachte an Räume, die ganz seiner Kunst gehörten, und nun erlaubte man ihm wenigstens, den großen Fries zu hängen, den er inzwischen vollendet hatte.

Seit den reinigenden Gewittern der neunziger Jahre war die Stellung, die Presse und Publikum der bildenden Kunst gegenüber einnahmen, gründlich verändert. Der neuen Bewegung fehlte es nicht mehr an verständnisvollen Beurteilern, und wenn auch die Feinde und Spötter in der Überzahl blieben, so ward ihnen doch der Sieg nicht mehr so leicht wie zehn Jahre zuvor, und sie fühlten langsam, daß die kleine Partei ihrer Gegner einem sicheren Triumphe entgegenschritt.

Munch hatte zunächst nicht viel Vorteil von dieser veränderten Lage. Der Kampf ging noch um Manet und seinen Kreis, deren Kunst in Berlin durchgesetzt werden mußte, und um Liebermann und seine Gefolgsleute, die gegen die Partei der Offiziellen um die Führung zu ringen hatten. Ihnen galt Munch als wenig erwünschter Eindringling. Bereitete sein Werk doch einen neuen Umsturz vor, da das Alte noch längst nicht auf der ganzen Linie siegreich war.

Das klar zu erkennen, sind damals nicht viele imstande gewesen. Auch den Wohlmeinenden galt Munch im besten Falle als nicht viel mehr denn ein Sonderling und Außenseiter. Nicht leicht konnte man an seinen Werken vorübergehen. Aber ihr literarischer Gehalt wirkte mehr als ihre künstlerische Form, und ihre wahre Bedeutung blieb den meisten verborgen. Zu denen, die damals schon ahnten, daß hier eine starke Gegenströmung sich vorbereitete, daß Keime einer künftigen Neubildung in Munchs Werken verborgen lagen, gehörte Albert Kollmann, der mit merkwürdig feinem und sicherem Verstehen den künstlerischen Bewegungen seiner Zeit gefolgt war. Er wußte einen der fortgeschrittensten Liebhaber zu bestimmen, Munch in seinem Atelier in der Lützowstraße aufzusuchen und ein großes Bild um einen angemessenen Preis zu erwerben. So entstanden die Beziehungen Munchs zu Dr. Linde in Lübeck, die in der Folge wichtig genug werden sollten, da die Freundschaft dem Künstler eine materielle Stütze gab, und Aufträge des Sammlers den Maler in sein Haus nach Lübeck führten, wo eine Reihe der schönsten Werke Munchs entstanden ist.

Kuß am Meer (aus dem Linde-Fries). 1903.

Für den Künstler bedeutete auch ein so feinfühliger Amateur und Auftraggeber nicht die Erfüllung seiner Wünsche. Er brauchte freie Hand und einen Raum, in dem er seine Ideen verwirklichen konnte. Ein Fries, wie er ihn in der Ausstellung der Sezession gezeigt hatte, sollte eine dauernde Heimstatt finden. Schließlich stellte Linde den Raum zur Verfügung. Im Sommer des Jahres 1903 wurden die Teile in Norwegen ausgeführt. 1904 langten sie in Lübeck an. Aber in der Ferne und im Freien gemalt, paßten sie schlecht in den kleinen Raum, für den sie bestimmt waren. Die Bilder gingen zurück, Munch war um eine Enttäuschung reicher.

Ein paar Jahre später fand er endlich Gelegenheit, den lange geplanten und in verschiedenen Varianten ausgeführten Fries in einem eigenen Raume aufs neue zu malen. Max Reinhardt, für den er eine Aufführung von Ibsens Gespenstern inszeniert hatte, räumte dem Künstler einen Saal in dem kürzlich eröffneten Kammerspielhause ein. Hier schuf Munch eine neue, die letzte Variante seines großen Werkes. Der Saal war ursprünglich zum Foyerraum bestimmt. Aus praktischen Gründen erwies er sich ungeeignet für den Zweck. So blieb er verschlossen und unzugänglich. Das Werk, das an sichtbarer Stelle hatte stehen sollen, war zu verborgenem Dasein verurteilt. Nur wenige Freunde des Künstlers, die um die Existenz der Malereien wußten, ließen sich ab und zu den Raum öffnen, und einmal im Jahre allein, am Tage des großen Faschingsfestes in den Kammerspielen, flutete ein Strom vom Tanz erhitzter Menschen durch den Saal, deren farbenfrohe Buntheit und ausgelassene Lebensfreude in merkwürdigem Kontrast stand zu den mattfarbenen und schwermütigen Bildern, die droben von den Wänden schauten. Sechs Jahre hing Munchs Fries an dieser Stelle, nur von wenigen beachtet. Umbaupläne hatten schließlich die Veräußerung zur Folge. Nun sind die Teile auch dieses Werkes zerstreut. Einige blieben in Deutschland, andere schmücken den Saal eines Kabaretts in Kristiania, dessen Besitzer ein begeisterter Freund und Sammler Munchscher Kunst ist.

Inzwischen führte ein unruhevolles Leben Munch durch manche deutsche Städte. Er malte in Hamburg mehrere Porträts, folgte Graf Keßlers Ruf nach Weimar, wo er zu Frau Förster-Nietzsche in Beziehung trat. Von dort ging er nach Elgersburg in Thüringen. Im Jahre 1904 war er wieder dauernd in Berlin. Die Verbindung mit Dr. Linde wurde Anlaß zu wiederholtem Aufenthalt in Lübeck. Am Ostseestrande, in Warnemünde, malte er im Sommer des Jahres 1907.

Die Wanderjahre des Künstlers näherten sich ihrem Ende. Es zog ihn nach der Heimat zurück, aller Mißachtung zum Trotz, die er dort erfahren hatte, trotz vieler Neider und Feinde, die ihm drohten. Fanden sich doch auch verstehende Freunde. Unter den Genossen seiner Jugend vor allem Jens Thiis, der früh schon für den Künstler eingetreten war und als Direktor des norwegischen Museums in Kristiania seine vornehmste Aufgabe darin sah, den größten Künstler des Landes mit einer stattlichen Zahl seiner Hauptwerke in der Sammlung würdig zu zeigen.

Im Jahre 1909 lebte Munch wesentlich in Kopenhagen. Hier gesundete er von manchen Stürmen eines wildbewegten Daseins. Gefestigt und als ein neuer Mensch kehrte er endlich in die Heimat zurück. Aber es zog ihn in die Einsamkeit. Er hatte nicht viel Gutes von den Menschen erfahren, und er war manchen Lockungen der Welt unterlegen. So scheute er Erinnerungen. Die Straßen der Hauptstadt waren ihm erfüllt mit Gespenstern einer Vergangenheit, die er nicht noch einmal heraufbeschwören mochte. Draußen in der Natur und unter einfachen Menschen, die nicht krank waren von den neuen Ideen, die der jungen Intelligenz des Landes in den achtziger Jahren den Boden unterhöhlt hatten, dort fand Munch sich von neuem. In Kragerö, einem einsamen Fischerdorf, das abgelegen am Fjord nur von wenigen Dampfern berührt wird, suchte Munch eine Wohnstätte, und hier entstanden die Vorarbeiten zu dem mächtigen Zyklus seiner Wandbilder für die Universität von Kristiania.

Der Heimgekehrte schenkte seinem Lande das reife Werk. Und auch dieses wurde ihm zur Tragödie. Keine Bitternis sollte ihm erspart bleiben. Er wurde nicht mehr verhöhnt und verspottet wie einst. Man begegnete ihm mit Achtung. Aber sein Werk wurde verschmäht. Eine Jury, die aus drei Mitgliedern bestand, war eingesetzt worden, die eingelieferten Entwürfe zu prüfen. Zwei von ihnen stimmten für Munchs Gemälde. Jens Thiis trat mit aller Wärme für das Werk des Freundes ein. Auch Joachim Skovgaard, der dänische Monumentalmaler, nahm mit Entschiedenheit Munchs Partei. Nur der dritte, der alte Professor der Kunstgeschichte an der Universität Kristiania, stellte sich entgegen. Er gab in seinem Gutachten zu, daß sein Augenlicht zu sehr geschwächt sei, um die Bilder beurteilen zu können, aber für den Festsaal der Universität seien sie nicht geeignet.

Zwei Stimmen hätten genügen sollen, Munch den Auftrag zu sichern. Da der Gegner aber in der Jury als einziges Mitglied der Körperschaft saß, für deren Gebäude das Werk bestimmt war, wog seine Stimme schwerer, und allen Bemühungen der begeisterten Anhänger des Künstlers sollte es lange Zeit nicht gelingen, die Ausführung der Entwürfe zu sichern.

So hatte Munch wieder kurz vor der Erfüllung seines Lebenswunsches gestanden, und aufs neue schien sie vereitelt zu werden. Ein würdiger Raum sollte ganz seiner Kunst gehören. Er hatte sein Recht darauf erworben, und es wurde ihm trotzdem geweigert. Inzwischen bereitete sich aber in Deutschland der endgültige Sieg seiner Kunst vor. Wieder waren zehn Jahre verflossen seit jener Ausstellung der Berliner Sezession, in der Munch mit einer geschlossenen Reihe seiner Werke vor das Publikum getreten war. Zwanzig Jahre waren vergangen seit den denkwürdigen Ereignissen des Jahres 1892. Inzwischen hatte sich die Lage der Kunst gründlich verändert. Eine neue Jugend war herangewachsen. In den Idealen ihrer Väter sah sie wie stets nur Hemmungen ihres eigenen Wollens. In Köln wurde die erste große Manifestation veranstaltet. Ein eigener Bund hatte sich dort gegründet, und für das Jahr 1912 bereitete er die entscheidende Tat vor, mit der die Welt von

Quelle. Entwurf zu einem Wandbild der Universität.
1910—1911.

dem Siege einer neuen Kunst überzeugt werden sollte. Nicht alles glückte, wie es geplant war. Die Organisation war nicht imstande, die Spreu von dem Weizen zu sondern. Vieles Unreife, vieles im besten Falle Problematische wurde gezeigt. Aber eines hatten die Veranstalter klar erkannt, daß es galt, in ihren Stammvätern Sinn und Recht der neuen Bewegung zu zeigen. Und mit van Gogh, Cézanne, Gauguin erhielt Munch einen Ehrensaal, seine Kunst wurde gewürdigt als eine der Säulen moderner Malerei.

Munch war zum Klassiker geworden, und er wurde zugleich aufs neue auf den Kampfplatz gezerrt. Aller Zorn einer erbitterten Gegnerschaft, die gegen diese Ausstellung sich erhob, galt nun mit den andern wieder auch ihm. Der Außenseiter von einst war in den Mittelpunkt gerückt. Seine Kunst, die für merkwürdig und unverständlich gegolten hatte, stand im Brennpunkt des allgemeinen Interesses. Er wurde zum Führer einer neuen Generation, die ihn auf ihren Schild erhob, seinen Namen auf ihre Fahnen schrieb. Während seine Altersgenossen nun in behaglichen Pfründen saßen, stand er noch einmal mitten im Kampf. Und die einst für ihn Partei genommen hatten, da gemeinsame Feinde sie in den gleichen Reihen vereinten, mußten nun gegen ihn sich stellen, da er bei den neuen Widersachern stand, die aus den Scharen der Jungen gegen sie sich erhoben.

Trotzdem bedeutete der Saal in Köln einen großen Erfolg. Munch stand zum ersten Male in einer Ausstellung nicht als ein Fremdling in seiner Umgebung. Gleiches Streben gab sich an vielen Stellen kund. Nur daß seine Werke wie Zeugen reifer Meisterschaft über vielen Versuchen und noch krampfhaftem Bemühen sich erhoben. Diesen Eindruck mußten auch die Gegner damals gewinnen, mußten erkennen, daß hier das Reich eines großen Künstlers sich auftat, dessen Werk nicht umsonst gewesen.

Der Ansturm der Jungen zog überall seine Kreise. Die alten Organisationen wurden gesprengt, da eine neue Generation Einlaß forderte. Auch die Berliner Sezession zerbrach in diesen Wirren. Und als die kräftigeren und fortschrittlichen Elemente sich wieder zusammenfanden, um ohne neuen Verein zunächst eine Ausstellung zu unternehmen, da rief man wieder Munch. Zehn Jahre zuvor hätte niemand daran gedacht, seinen Fries in den Mittelpunkt der Ausstellung zu rücken. Genug, daß man ihm überhaupt einen Raum gab. Er mußte sich mit dem Vorsaal begnügen, in dem die Skulpturen standen. Jetzt war es anders geworden. Es gab keine Diskussion mehr darum, daß Munch der große Mittelsaal eingeräumt wurde. Hier zeigte er zum ersten Male einem weiteren Publikum seine Universitätsbilder. Da die originalgroßen Entwürfe zu umfangreich für den Saal gewesen wären, mußte man sich mit kleineren Studien begnügen, die immerhin ein Bild gaben von der gewaltigen und festlichen Wirkung des Ganzen.

Was sonst noch zu sehen war, verschwand neben diesem Werke. Der lang Verkannte war nun auch nach Berlin im Triumphe zurückgekehrt. Die Ausstellung wurde zugleich zur Feier des Fünfzigjährigen. Der Ruf nach anderen Gemälden seiner Hand wurde laut. Der Kunstsalon Gurlitt stellte seine Räume zur Verfügung. Hier sah man zwei Monate später einen imposanten Ausschnitt aus dem Lebenswerk des Künstlers. Diese Ausstellung erst war der entscheidende Erfolg. Die Presse, die früher so selbstsicher gewesen war in ihrer Ablehnung, fand nun nicht genug der Worte begeisterten

Munch und Advokat Stang. 1912.

Lobes. Und das Publikum bekundete ein Interesse, wie es nur seltenen Ereignissen entgegengebracht wird. Die Ausstellung wurde zu einer Sensation. Endlich ein voller Sieg. Keinem Urteilsfähigen konnte es mehr zweifelhaft bleiben, daß Munch in der Reihe der Großen unserer Zeit seinen sicheren Platz errungen hatte.

Wieder sind seit jener Zeit fast zehn Jahre ins Land gegangen. Auch in der Heimat festigte sich der Ruf des Künstlers. Der Festsaal der Universität öffnete sich seinem Werke. Drohende Schatten einer bewegten Vergangenheit sind versunken. Munch kehrte nach Kristiania zurück, wo er nun ein Häuschen am Rande der Stadt bewohnt, mit einem Garten, der voll ist von Schuppen und Werkstätten für seine Arbeit.

Der Sechzigjährige büßte nichts ein von alter Schaffensfreude. Es zeigte sich, daß sein Weg der rechte war, da viele ihm folgten. Aber der Künstler fühlt, daß für ihn selbst die Zeit des Kampfes vorüber, daß es nun gilt, die Früchte langer Arbeit einzubringen. Neue Aufgaben winken in der Heimat. Ein Fabriksaal soll mit Wandgemälden geschmückt werden. Ferne Länder bewerben sich um die Werke des Meisters. Bis nach Amerika im Westen, nach Japan im Osten reicht sein Ruhm. Der Sohn des kleinen Norwegen, dessen Schaffen immer im Boden der Heimat verwurzelt blieb, ging ein in die große Weltbürgerschaft der Kunst, da er als reifer Mann vielfältig zurückgab, was er in der Jugend empfangen.

Mondaufgang. Aus „Alpha und Omega". Lithographie. 1909.

Morgenstunde. 1884.

DIE JUGENDWERKE.

MUNCHS künstlerischer Werdegang zerlegt sich ohne Zwang in eine Folge von viermal zehn Jahren. Als Zwanzigjähriger war er ein fertiger Künstler. Der Dreißigjährige zeigte das geschlossene Werk seiner ersten Schaffensperiode. Mit vierzig vollendete er den Zyklus, in dem er die Konsequenzen seiner bisherigen Arbeit zog. Als das fünfzigste Jahr sich näherte, entstanden die Universitätsbilder, die den Künstler wiederum auf einer neuen Höhe zeigten. Das sechste Jahrzehnt brachte die freie Entfaltung des malerischen Stiles.

Innerhalb weniger Jahre erwarb Munch die technischen Fertigkeiten, die seine Zeit ihm zu geben hatte. Wenn trotzdem noch ein Jahrzehnt als Lehrzeit im weiteren Sinne bezeichnet werden muß, so ist es, weil immer wieder neue Eindrücke verarbeitet werden, weil eigenes Wollen noch in stetem Kampfe liegt mit fremden Formen. Von den Werken des Zwanzig jährigen blieb nicht viel erhalten. Munch achtete seiner Bilder niemals sehr. Ihm gilt allein die Schöpfung, nicht die Studie, und was damals entstand, sah er später nur als Material, die handwerklichen Fertigkeiten seiner Epoche zu erwerben und zu sichern. Den Zweiflern, die technische Mängel erblicken, wo anderen Ausdruckswerten zuliebe in späterer Zeit manches von der Formvollendung im bisherigen Sinne geopfert werden mußte, wiese man gern mehr von diesen frühesten Arbeiten des Künstlers, wie das klare und eingehend modellierte Selbstporträt des Jünglings, das liebenswürdige Bild des Vaters, der im Lehnstuhl sitzt und liest, oder die Landschaften und Studien köpfe dieser Zeit, in denen ein feines Naturempfinden sich in den Formen ausspricht, die von den führenden Künstlern in Frankreich und Deutschland geprägt worden waren.

Auch in den Motiven, die er wählt, folgt Munch der Tradition seiner Zeit. Man erwarb nicht mehr seinen Rompreis mit einer großen Historie. Eine moderner gesinnte Behörde erteilte dem jungen Künstler sein Reisestipendium für Paris auf Grund einer Milieuschilderung in großem Format, wie sie der üblichen Armeleutemalerei und den literarischen Tendenzen der Zeit gleichermaßen entsprach. Krankheit und Elend waren Themen nach solchem Geschmack. Das rührende Motiv der Mutter am Bette des kranken Kindes hatte Christian Krogh ebenso wie Hans Heyerdahl behandelt. Auch Munch wählte es für sein größtes Bild, das er „Frühling" nannte, weil er durch den Kontrast des sonnenerhellten Fensters die Trostlosigkeit der Stim mung des Krankenzimmers nochmals steigerte. Es ist viel Modellstudium in dem großen Bilde, und die Farbmaterie hat die Schönheit, die damals allenthalben am höchsten geschätzt wurde, die fest verspachtelte Schicht, in der die grauen und bläulichen Töne sich weich ineinander betten. Weißes Licht dringt durch die Scheiben, durchleuchtet die Gardinen und nährt das helle Grün der Pflanzen, die auf dem Fensterbrett stehen. Ein großer, breiter Schrank aus dunklem Mahagoni vor der Rückwand des Zimmers gibt den

Die Schwester des Künstlers. 1885.

beiden Gestalten vorn die Folie eines tonigen und farbigen Kontrastes. Ein Tisch steht zur Linken, Wasserflasche und Glas darauf und das Knäuel von der Strickarbeit der Frau. Das Detail eines Innenraumes ist mehr angedeutet als geschildert. Der Künstler verliert sich nicht im Kleinen. Er hält den Blick auf das Wesentliche gerichtet, und dieses Wesentliche ist ihm die vollkommene bildliche Wiedergabe der Stimmung. Das Bild vollendet sich nicht im Abmalen einer zufälligen Situation, sondern in dem Erlebnis, das in ihm Gestalt gewinnt.

Das unterscheidet schon in diesem frühen Meisterwerk den Schüler Munch von dem Lehrer Christian Krogh, unterscheidet den Künder neuer Wunder von dem klugen Verwalter ererbten Gutes. Krogh hat niemals das Porträthafte des zufälligen Sonderfalles überwunden. Er malt das Bild eines kranken Mädchens, das im Lehnstuhl sitzt, und er beschäftigt sich ebenso mit dem Saum der Decke wie mit den Schnüren des Kissenbezuges und der entblätterten Rose, die er als sentimentale Beigabe dem Kinde in den Schoß legt. Und in dem anderen Bilde, mit der Mutter, die am Bette des schlafenden Kindes wacht, hält er sich ebenso lange bei den Strohfasern des Stuhlgeflechtes auf wie bei der sorgfältig geordneten Frisur der Frau, und es ist eine Spannung in dem Hinblicken, die das Momentane der Situation nochmals zum Bewußtsein bringt. Kroghs Werk ist das typische Genrebild der neuen Zeit. Munch stellt ihm auch in einem Gemälde, das den Schöpfungen des Älteren scheinbar so nahe steht, ein Werk vollkommen anderer Art gegenüber. Seine Mutter beobachtet nicht, weil sie sich beobachtet weiß, sie blickt still und sorgenvoll gefaßt vor sich hin. Und die Tochter schaut, gleichsam ohne zu denken, auf die Hände der Mutter, die in einförmigem Takte die Stricknadeln bewegen. An Kroghs Bild könnte man rücken, die Mutter ein wenig anders setzen, das Kind anders in den Kissen betten. In Munchs Werk waltet eine höhere Art von Notwendigkeit. Es ist nicht Bild gewordene Studie, es ist schöpferische Gestaltung und darum eine Tat der Phantasie, wie alles, was der Künstler in späteren Jahren geschaffen hat.

Man muß dieses Wort verstehen, auch wenn es auf das Porträt des Dichters Hans Jäger bezogen wird, das gleichzeitig mit dem „Frühling" entstand. So wie er sie da malte, empfand der Künstler die Erscheinung des Mannes. So sah er ihn, wenn er die Augen schloß. Das naturalistische Detail

Frühling. 1889.

der Einzelform ist weniger wichtig als die Konzeption des Ganzen. Wer das Bild einmal gesehen hat, wird nicht jede Linie in der Erinnerung nachzuzeichnen imstande sein. Aber er weiß, wie der Mann in seiner Sofaecke sitzt, weiß, wie der Arm lässig auf der Lehne ruht, wie der Körper sich zur Seite zurücklegt, und der Kopf eindrucksvoll gerade emporsteigt. Vielleicht saß Hans Jäger niemals so, vielleicht zufällig einmal, vielleicht pflegte er oft so zu sitzen. Das Bild ist so unmittelbar überzeugend, daß man schwören möchte, er habe niemals anders gesessen. Das ist auch hier wieder die eigentliche künstlerische Tat, daß man nicht dem Abbild zufälliger Menschlichkeit gegenübersteht, sondern einem typischen Charakter, der zu allgemeiner Bedeutsamkeit gesteigert ist. Hans Jäger hieß „der Mann, der niemals eine Lüge sagte". Diesen Mann hat Munch gemalt. Dieses Wort, das den Charakter des Menschen umschreibt, dient dem Bilde besser zur Unterschrift als der Name, den zufällig der Dargestellte im Leben trug.

Wie die Form, so ist die Farbe nicht naturalistisch im Sinne der Einzelbeobachtung, aber als Zusammenklang ebenso wahr und überzeugend, wie eine Hand erst Sinn erhält in ihrer Beziehung zum Kopf. Darum steht der Mantel so blau auf dem blauen Sofa, wie er im Leben gewiß nicht war, färbt sich der Holztisch nach violett im Kontrast zu den gelben Tönen in dem Grauweiß der Wand.

In jedem Betracht ist das Bild als Idealkomposition zu verstehen, nicht anders wie irgend ein späteres Werk des Künstlers. Und doch wußte Munch schon damals, schon als er dieses Werk schuf, daß sein Weg ein anderer sei. Er war sein bester Prophet, als er den „Frühling": „Abschied vom Impressionismus" taufte. Es sollte noch nicht sein endgültiger Abschied sein. Aber er wußte, daß er loskommen mußte von einer Form, die ihn behinderte, die ihm nicht erlaubte, das rein zum Ausdruck zu bringen, was ihm als sein eigenes Werk vor dem inneren Auge stand. Und nicht allein mehr vor dem inneren. Schon vier Jahre, bevor er den großen „Frühling" malte, hatte Munch versucht, das Thema ganz im Sinne seiner Vision zu gestalten. Ohne Milieuschilderung, die doch nur Fremdes hinzutun konnte. Ohne den sentimentalen Kontrast des sonnendurchleuchteten Fensters. Ganz aus sich sollte die Stimmung hervorwachsen, wie ein reiner Klang, der unmittelbar zur Seele spricht. Literarisch, nur gedanklich, war die Beziehung der blühenden

Hans Jäger. 1889.

Blumen im Sonnenschein zu dem verblühenden Leben des Mädchens in seinem dumpfen Zimmer. Das war noch der alte Geschmack des lehrhaften Genrebildes. Wie Munch für sich das Thema faßte, bleibt ihm kein Rest falscher Literatur, und kein Vorwurf, der gegen ihn erhoben wurde, ist ungerechter als dieser. Rein anschaulich wird die Beziehung der beiden Gestalten. Alles

Das kranke Mädchen (1885), zweite Fassung. 1896.

beschreibende Detail ist gelöscht. Der Raum ist nicht Darstellungsmotiv an sich, er ist nur von sekundärer Bedeutung. Die Farbe ist konzentriert und zum reinen Ausdruckswert gesteigert. Das blonde Haar des Kindes wird zu starkem Rot. Blaue und grüne Töne durchdringen sich in der Decke und dem Hintergrund, lassen das materielle Substrat absichtlich im Ungewissen. In einem Glase vorn steht ein Rest roter Flüssigkeit. Die illusionistisch gemalte Wasserflasche und das grünliche Medizinglas des „Frühling" sind Sachschilderung. Hier ist das Glas nur noch durch die Ökonomie der Komposition bedingt, die an der Stelle eine Helligkeit und ein Rot verlangt, um den Akzenten der

Bildmitte die Wage zu halten. Im Zentrum aber steht das durchgeistigte Profil des Kindes, dessen Blick schon das Jenseits zu ahnen scheint, während der Kopf der Mutter sich still in die Kissen drückt. Wie banal erscheint daneben nochmals das dumpfe Beieinander von Mutter und Tochter in der großen Fassung. Wieviel literarischen Inhalt bedeutete noch immer das Strickzeug allein, und die Tatsache, daß das Auge des Mädchens auf den Händen der Mutter ruhte. Selbst diese Hände wären schon zu viel. Nur ihre Lagerung, nicht ihre Form darf gegeben werden. Jedes Detail muß vernichtet sein, das der reinen Wirkung des Hauptmotivs im Wege steht.

Munch hat lange an dem Bilde gemalt. Er hat viel versucht, und er hat es oft übergangen. Was er wollte, war ohne Beispiel. Eine Vision drängte zur Gestalt, und er mußte ihr eine Form finden, für die es kein Vorbild gab. Ihm selbst blieb es zunächst Experiment, wie vieles späterhin, das abseits führte von den betretenen Pfaden, und dessen Sinn sich ihm selbst erst langsam offenbarte. Schwer wäre es sonst verständlich, daß vier Jahre nach diesem Werke, in dem Munch schon ganz sich selbst gefunden zu haben scheint, noch jene andere Fassung des Motivs entstehen konnte, die weit lockerer nur mit des Künstlers fernerem Schaffen verknüpft ist. Das eine Bild war die Zwiesprache des Malers mit sich selbst, das andere die große Leistung, die die Welt von ihm erwartete.

Aber auch der eigene Instinkt hütete Munch davor, schon damals ganz auf sich selbst zu bauen, seinen innersten Visionen nachzugehen und die Lehre der anderen zu verschmähen. In Paris, wohin er nun übersiedelte, begann ihm nochmals eine neue Lehrzeit. Die Epoche der gespachtelten großen Bilder, die auf graue und blaue Töne gestimmt waren, ist abgeschlossen. Die Entwicklung führt konsequent weiter von diesen zu den Freilichtmalereien, die nun erst eigentlich Munch für eine kurze Zeit ganz in die Reihe der Impressionisten strenger Observanz einrücken lassen. Die Materie seiner Farbe verändert sich, die Palette wird lichter und reicher zugleich. An die Stelle der grauen Töne tritt das schöne Blond des späten Manet, des frühen Degas. Und auch die Motive werden andere. Einfache Landschaftsbilder entstehen, Schilderungen ruhigen Daseins. Munch wurde noch einmal Schüler. Er muß es gespürt haben, daß es in Paris noch viel für ihn zu lernen gab, und er besaß ein genügendes Maß von Bescheidenheit und Selbstverleugnung, um seine eigenen „Experimente" zurückzustellen und die Technik der Franzosen sich zu eigen zu machen.

Die Bilder, die in dieser Zeit entstanden, sind unpersönlicher als die der ersten Jahre in Kristiania. Wüßte man es nicht, so wären die zarten, blonden Landschaften nicht leicht als Munchs Eigentum zu erkennen. Und schwerer noch die farbigen Bilder vom Strande in der pointillierenden Technik der Neoimpressionisten. Das erste große Bild der neuen Art, die „Musik auf der Straße", die wieder in Kristiania und noch im Jahre 1889 gemalt ist, stellt sich mit Manets Werken in eine Reihe, und es schließt sich würdig den ganz großen Schöpfungen europäischer Kunst seiner Zeit an. Noch mehr als an Manet mag man an Degas denken in der absichtlich überraschenden Form des Ausschnitts, der die nahen Figuren vorn am Bildrand knapp überschneidet. Die lichten Töne geben einen zarten Klang, in dem das Gelb und Blau zum Grundakkord sich bindet, und ein Rosa zu hellen roten Flecken sich verdichtet, die hier und da in der Menschenmasse aufleuchten. um schließlich in dem roten Schirm vorn dem Bilde den farbigen Akzent zu geben. Es ist Munchs Rot, nicht das zarte und gebrochene Rot der französischen Palette, und die Menschen des Bildes, die sich nicht vordrängen sollen, sondern im Bildganzen aufgehen und zurücktreten, als Elemente eines Raumerlebnisses, sind doch die selbständigen Wesen, die kein anderer hätte finden können. Der Kopf des Knaben, der ganz vorn sichtbar wird, durch den Schirm gleichsam aus dem Bilde herausgedrängt, ist echtester Munch in dem merkwürdig durchgeistigten Ausdruck. Er steht hier beinahe fremd, aber ein Zeichen, daß der Künstler sich nicht vergessen hatte.

Pissarros Einfluß gibt sich in Straßenbildern aus Kristiania deutlich kund. Das farbige Spiel eines bewegten Lebens interessiert den Künstler, die vielgestaltigen Flecken, in die eine Menge von Menschen, aus der Ferne gesehen sich auflöst. Er wählt gern das vereinheitlichende Licht eines Regentages, in dem die grünen Töne der Bäume mit den gelblichen der Häuser und dem Blaugrau des Himmels und der Reflexe auf dem Pflaster zu einem leise klingenden Akkord zusammenwachsen.

Im Jahre 1890 entstanden die charakteristischen Bilder der Art. Badende Jungen am Strande tauchen auf. Bilder vom Meere, die das Wasser schildern und die ruhige Existenz von Menschen, die sich am Ufer bewegen. Es ist

Musik auf der Straße. 1889.

eine ganz andere Welt, in die der Künstler eingetreten ist. Auch in Norwegen hatte ihn das Meer beschäftigt. Ehe er nach Paris ging, hatte er ein großes Bild der Schwester gemalt, die im weißen Kleide zwischen den mächtigen Steinen des Gestades sitzt. Hier war es nicht eine regenfeuchte Luft oder helles Sonnenlicht, das die Dinge im Raume zum Ganzen zusammenschloß. Es war eine Stimmung, die in allen Teilen des Bildes lebte, die Stimmung einer schwermütigen Sehnsucht. Man kann an Feuerbachs Iphigenien denken. Aber Munch gibt nicht die klassizistische Pose, nicht das Ideal eines fernen Griechentums, sondern das einfache Dasein eines Menschen unserer Tage, die unbestimmten Sehnsüchte eines einsamen Wesens. In einer großen Silhouette ist die Gestalt beschlossen, die sich über den Steinen erhebt, als wäre sie selbst einer von ihnen. Auch die Steine scheinen zu leben. Die merkwürdige Kunst, die unbelebte Materie zum Träger einer Stimmung werden zu lassen, kündet sich hier schon an. Das zauberhafte Dämmerlicht nordischer Sommernächte wird zum ersten Male leibhaftige Gestalt.

Vielleicht wäre auch dieses Werk mit vielen anderen der Zerstörung anheimgefallen, als Munch in der folgenden Zeit nach Paris übersiedelte, und andere künstlerische Pläne ihn beschäftigten, hätte nicht Werenskiold das Gemälde gekauft, wie die erste Fassung des „kranken Mädchens" nur dadurch erhalten blieb, daß Munch sie Christian Krogh zum Geschenk machte. Andere Werke dieser frühen Epoche gingen zugrunde, und es existieren nur Wiederholungen, die Munch fast zehn Jahre später malte, als er — folgerichtig genug — auf die Versuche seiner ersten Jugend zurückgriff, die ihm zur Zeit ihrer Entstehung nur wie Experimente erschienen waren. Heut sind diese Werke fast vollzählig in der Nationalgalerie von Kristiania vereinigt und geben eine unvergleichliche Vorstellung von Munchs erstem Meisterschaffen.

Das Mysterium des Daseins erregt die Einbildungskraft des jugendlichen Menschen. Millet hatte die Tragödie der Arbeit gesehen, hatte als erster die Mühsal erdgebundener Knechtschaft des Menschen zum Bilde gestaltet. Er empfand das Schicksalswort der Bibel: Im Schweiße deines Angesichts sollst du dein Brot essen. Die Ewigkeitsform dieses Menschenloses fand er verkörpert in den großen Gebärden der Landarbeiter, die das Feld bestellen, in harter Arbeit ihm den kargen Unterhalt abgewinnen. Munch schaute

Nacht (1886). Zweite Fassung. 1894.

jenes tiefere Geheimnis, um dessen willen die Menschheit des Paradieses verlustig ging, das Wissen, die Frucht vom Baume der Erkenntnis, das Ahnen um eine verborgene Bedeutung, dem all unser Tun und Denken unterliegt, dem wir gehorchen, ohne zu erkennen jene triebhaften Wurzeln unseres Daseins, gegen die willenlos Verstand und Einsicht sich aufzulehnen wagen in hoffnungslosem Kampfe.

Die Liebe ist das erste dieser großen Mysterien. Andere haben in Bildern Geschichten erzählt von Glück und Leiden liebender Menschen, wie Bauernmaler früherer Zeiten Anekdoten ländlichen Daseins gern zum Thema ihrer Bilder wählten. Millet schaute das Schicksal im Arbeiter des Feldes. Munch empfand die geheime Lebensangst des Menschen und gab ihr visionäre Gestalt.

Nackt sitzt auf dem Rande des Bettes das erwachende Mädchen. Sie starrt ins Dunkle, wo das Geheimnisvolle ihr droht. Gespenstisch wie eine unheimliche Gestalt steigt der Schatten ihres Körpers an der Wand empor. Es schaudert sie. Die schmalen Schultern ziehen sich zusammen. Die Beine schmiegen sich aneinander, und die Knie pressen die Hand, die zwischen ihnen hinabfühlt. Munch nannte das Bild „Nacht", ein andermal „Pubertät". Aber es brauchte so wenig wie irgendeines sonst einen Namen, da sein Sinn so restlos zur Form wurde, daß kein Auge sich ihm zu entziehen vermag. Nicht der Gedanke an sich ist das Bewundernswerte. Das Erwachen der Sinnlichkeit in einem jugendlichen Menschen haben auch andere als etwas Geheimnisvolles empfunden. Aber noch niemals wurde dieses Mysterium so restlos im Kunstwerke geformt. Es lebt in jedem Zuge dieses Bildes, findet in seiner Gesamtkomposition vollkommensten Ausdruck. Wie das Bett in scharfer Horizontale das Bild durchschneidet, wie kerzengerade aufgerichtet das Mädchen sitzt, wie das Braunrot des Holzes zu den blauen und grünen Tönen im Weiß des Linnens steht und der helle Akt zu der dunklen Farbigkeit der Wand mit dem tiefblauen Schatten zur Seite, das alles klingt zusammen zu dem einen Ton einer Stimmung nächtlicher Angst. Diese Angst lebt in den Füßen, die sich aneinander schmiegen, und die ein einziger bogenförmiger Kontur zusammenschließt, so gut wie in der einwärts geschwungenen Linie des Knies, in den dünnen Armen, die einander überkreuzen, und in den scharf hervorstehenden Schultern. Man brauchte das Gesicht gar nicht mehr. Der Körper allein würde sprechen. Darum darf

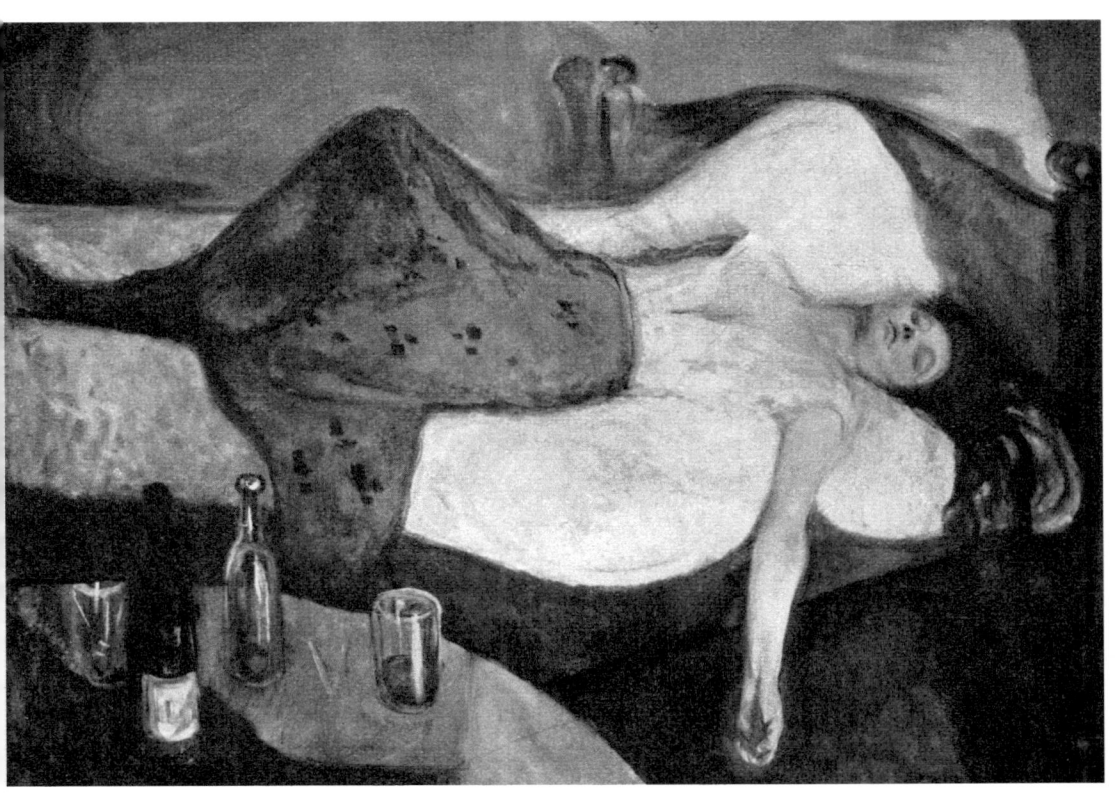

Der Tag danach (1886). Zweite Fassung. 1894.

nicht ein Zuviel an Detailform das Physiognomische in den Vordergrund drängen. Gerade hier muß gedämpft, muß zurückgehalten werden, denn die tiefblickenden Augen sollen nicht mehr sagen als die Gruben zwischen den Schultern, die geschlossenen Lippen nicht mehr als die zusammengepreßten Finger der Hände.

Das erst ist das Wunder dieses Bildes, erhebt es über die Zufälligkeit einer Aktstudie und gibt ihm seinen Platz unter jenen Schöpfungen, die den Gestaltbesitz der Menschheit bereichern. Wie das Porträt Hans Jägers mehr ist als ein Bildnis, so ist dieses Mädchen etwas anderes als nur ein Modell. Es wächst empor zum Symbol menschlichen Daseins überhaupt, das hier so vollkommen bildliche Gestalt wurde, wie es in seiner Sprache ebenso ein genialer Dichter aus dumpfem Ahnen zur Helle des Bewußtseins heben könnte, wie es der Musiker in Klängen anzudeuten vermag. Aber Munchs Bild ist alles andere als literarisch. Nur eine Zeit, die jede inhaltliche Beziehung im Kunstwerk ablehnte, konnte diesen Vorwurf erheben, und sie vergaß, daß sie damit zugleich alle große Kunst vergangener Epochen negierte, übersah, daß in der Armeleutemalerei, die für erlaubt galt, viel mehr tendenziös-literarischer Inhalt lebte als in dieser absoluten Gestaltung einer bildhaften Vision.

Das andere Werk Munchs, dessen erste Konzeption dem gleichen Jahre entstammt, ist nicht im selben Maße rein von allem genrehaft erzählenden Beiwerk. Es könnte im Gegensatz zur „Nacht" der „Morgen" heißen, aber es wurde nie anders genannt als „der Tag danach". Und diese erläuternde Beischrift ist in dem Bilde selbst verkörpert in dem Tisch mit Flaschen und Gläsern, der vorn steht und dem Beschauer einen Vorstellungsinhalt suggeriert, der nur gedanklich und nicht rein visuell zu realisieren ist. Wie die Komposition an sich bildhaft gebaut ist, so braucht sie diesen Tisch, braucht ihn, um der Bettwand zur Rechten die Wage zu halten. Aber vielleicht hätte der Künstler doch der Ausdrucksfähigkeit seiner Gestalt allein vertrauen dürfen. Wie der Arm gerade über die Bettkante herunterhängt, wie der Kopf sich zurücklegt, wie das Dreieck des Kissens emporsteigt, und nochmals das andere Dreieck des Rockes, in dem das Knie sich hochstellt, und wie der Zipfel des Kleides, der über das Laken herniederhängt, wiederum die Vertikale des Armes begleitet, das ist eine Formenkomposition, in der das animalisch Gelöste und die völlige Erschöpfung nach der großen Erregung auch ohne erklärende Zutaten zum Ausdruck gelangt. Aber schon das Thema enthält mehr materielle Gebundenheit als andere Bildvorwürfe Munchs. Das seelische Erlebnis löst sich nicht rein, sondern ist durch ein körperliches bedingt, und diese innere Zwiespältigkeit des Motivs nimmt der Darstellung die Möglichkeit ebenso reiner Vollendung, wie sie das Bild der „Nacht" erfuhr.

Das sind Bedenken einer strengen und beinahe übersachlichen Prüfung, die alle möglichen Vorwürfe den Gegnern selbst vorwegnehmen möchte, denn kein bildender Künstler hat stets und in allen Fällen auf jedes erzählende Beiwerk verzichtet, und wenige nur haben den gleichen Grad bildhaft reinen Ausdrucks erreicht wie Munch. Er selbst zählte den „Tag danach" so gut wie die „Pubertät" zu den Schöpfungen seiner Jugend, die auch der reiferen Einsicht standhielten, und er malte beide, da die ersten Originale zugrunde gegangen waren, im Jahre 1894 in neuen Fassungen.

Es ist erstaunlich, wie viele der Motive, die Munchs Namen später berühmt machten, und in denen alle zukünftige Entwicklung im Keime bereits beschlossen lag, in dieser frühen Zeit ihre erste Formulierung fanden. Im Sommer des Jahres 1888 war Munch nach Aasgaarstrand übersiedelt, und dort fand er die Landschaft, die er brauchte. Bis dahin lebte seine Phantasie in den Mauern der Stadt. In engen Räumen sah er seine Menschen, und Landschaftsbilder, die in der frühen Zeit gelegentlich entstanden waren, hatten nur als Studien Bedeutung. Nun lebte er in einer Natur, deren Sprache sich ihm kund tat. Er sah die Menschen draußen, und das Geheimnis der Existenz ward ihm offenbar, das Mysterium des reinen Daseins, das den Menschen außerhalb alles um ihn Lebenden stellt und ihn doch wiederum bindet an das Bestehen auch der scheinbar toten Dinge dieser Welt. Die Fenster der Häuser sind wie Augen, die sehen. Bäume werden zu riesenhaften Wesen. Das Wasser verhüllt ungeahnte Tiefen. Ein Brückengeländer ist wie ein erhobener Arm, dessen starre Gerade in wesenlose Ferne weist. Und in den wechselnden Linien des Strandes schwingt das Hin und Wider menschlicher Stimmungen.

Munch sieht drei Mädchen, die auf einer Brücke stehen. Sie lehnen über das Geländer und schauen ins Wasser, blicken ins Weite. Die eine in

Mädchen auf der Brücke. 1889.

Weiß, die zweite in Rot, die dritte in Grün. Blau steht der Himmel der hellen Sommernacht über dem tiefblauen Spiegel des Wassers. Die mächtige Laubmasse eines grünen Baumes erhebt sich vor dem Horizont. Niedere weiße Häuser zu den Seiten, von einer langen Gartenmauer umfriedet. Und zarte Töne von Rosa und Violett setzen in dem Sande des Ufers sich gegeneinander ab, geben in Brücke und Weg dem Bilde den farbigen Grundklang. Es ist so wenig, das man beschreiben kann, so vieles, das in der Empfindung leise mitschwingt. Die drei Mädchen stehen abgewandt, man sieht ihre Gesichter nicht, denn weder die individuellen Züge noch die Gedanken, die lesbar auf der Stirn geschrieben stehen, beschäftigen den Künstler.

Das Weib. 1899.

Es ist eine Fortsetzung jenes anderen Bildes der „Nacht", da ein Mädchen einsam in der verschlossenen Kammer sich ängstete. Hier schwingt die Stimmung der ganzen Umwelt mit diesen drei Geschöpfen. Jede Form wird lebende Gestalt. Die Brücke ist in ihrer jähen Verkürzung das einzige Stück Leben in dem großen Schweigen. Die Häuser verbergen sich hinter dem Gebüsch in friedlicher Stille. Das Wasser empfängt in seinem Spiegel das Abbild der Dinge.

Aber all das rührt nicht an den letzten Gehalt des Bildes, der so wenig in Worten zu umschreiben ist wie das real erlebbare Substrat einer wundersamen Melodie. Das Auge begreift. Das Wort versagt. Es ist ein Zeichen, daß dieses Bild nie anders hieß als „die Mädchen auf der Brücke", auch dieser Titel eine Beschreibung, keine Deutung.

Wieder steht neben dem einen Landschaftsbilde ein zweites, in dem nicht so restlos die Elemente zur Einheit geschlossen sind. Es heißt „Eifersucht", und schon diese Beischrift gibt den Hinweis auf eine schärfer individualisierte inhaltliche Beziehung. Der Kopf des Mannes, der vorn am Bildrande auftaucht, wird zum Hauptmotiv der Darstellung. Das Individuelle ist auch hier so weit als möglich zurückgedrängt. Es bleibt von den Zügen nicht viel mehr als eine letzte Andeutung ihres Ausdruckswesens. Die großen Steine am Strande scheinen mehr Leben zu bergen als der Mensch, in dessen Zügen alle Bewegung erloschen ist. Die Uferlinie kriecht einer Schlange gleich. Man brauchte nicht die weiße Gestalt, die in der Ferne des Landungsstegs auftaucht, und die das Gefühl dumpfer Verlassenheit in Mensch und Landschaft zur „Eifersucht" einengt. Lauter reden die Steine. Deutlicher spricht die dunkel ansteigende Silhouette des Horizontes. Die Uferfelsen, die schwarz in der hellen Fläche der Meeresbuchten stehen, sind Augen, die tiefer blicken als die des Menschen.

Ein Maler, der solche Dinge im Herzen trug, konnte nicht für lange von seinem vorgezeichneten Wege abgehen. Auch in Paris verließ ihn der Gedanke an seine Aufgabe nicht, und er beschäftigte sich immer wieder mit seinen „Experimenten", während er impressionistische Exerzitien absolvierte. Auf Reisen nach Nizza und Monte Carlo entstanden zartblaue Stimmungsbildchen italienischer Landschaft. Man könnte von einer „blauen Periode" in Munchs Schaffen sprechen, stände nicht die Beweglichkeit eines

Der Spielsaal. 1892.

immer regen Wollens solcher Ordnung in ein äußerliches Schema entgegen. Das Leben des Spielsaales übte seine Anziehungskraft auf den Künstler. Aus dem Grün der Lampen und der Tische wuchs ihm die farbige Harmonie, und wieder verlor er sich nicht ins Erzählen, spezialisierte nicht die verschiedenen Individuen einer zufälligen Versammlung, sondern erfaßte die typischen Gebärden des Spieles und gab dem Figurengedränge um den Tisch, das seine künstlerische Ökonomie mit wenigen Gestalten bestreitet, durch die Erscheinung des Mannes, der zur Rechten aus dem Bilde herauszutreten scheint, das kompositionelle Gegengewicht.

Das Spielsaalbild zeigt, wie Munch auf jede neue Erscheinung reagierte, wie auch ein fremdartiges Erlebnis ihm zum Bilde in seinem Sinne wurde, wie die äußere und die innere Vision nebeneinander Platz haben in einem Schaffen, das in der Gestaltwerdung erst sich realisiert. So beschäftigt ihn das rein visuelle Problem des Fensters, des Durchblicks aus einem Innenraum ins Freie, das im Dämmer nebelhaft verschwimmt, und der Gestalt, deren Silhouette vor den Scheiben sich abhebt. Der rein anschauliche Kontrast des Drinnen und Draußen wird ihm zugleich zu einem seelischen Widerspiel. Ein Mann sitzt gegen das Licht, und der Mondschein wirft den Schatten des Fensterkreuzes gespenstisch auf den Boden. Draußen ahnt man die weite See. Drinnen gibt das blaue Licht eine dämmerhaft trübe Enge. Ein Mädchen steht, nur mit dem langen Hemd bekleidet, am Fenster, sie lüftet mit der Hand die Gardine, Morgenlicht dringt in den Raum. Die Beschreibung erinnert an ein Motiv von Schwind. Aber Munchs Menschen freuen sich nicht einer warmen Sonne. Sie frösteln in kühlen Schatten. Ein Liebespaar steht am Fenster. Der Mann hält das Mädchen in leidenschaftlicher Umarmung. Draußen ist die Straße und das Leben, drinnen ist nicht das Glück, sondern ein Zwang und der Druck eines Schicksals. Die dünnen, leichten Farben des Bildes, das zarte Blond und Grau und Hellblau erinnern noch an die Werke der ersten französischen Zeit. Aber die letzte Schule ist endgültig überwunden. Auch in der neuen Sprache spricht der Künstler nun das eigene Wort.

Ein Bildnis der Schwester steht als Abschluß am Ende dieser ersten Schaffensperiode Edvard Munchs. Wiederum ist schon in diesem ersten Werke alle künftige Porträtkunst des Malers wie im Keime vorgebildet.

Kuß. 1892.

Das Bildnis Jägers war kompliziert in der Anordnung. Der Mann saß auf besondere Weise, Beiwerk bildete ein Milieu, deutete einen Raum. Das Ganze war mehr Charakterstudie als Porträt. In dem Bildnis der Schwester stellt Munch zum ersten Male einen Menschen gleichsam nackt hin, um ihn nur ein brauner Boden und eine hellblau getünchte Wand. Gerade, in reiner Faceansicht steht das Mädchen, die Hände leicht ineinandergelegt. Da ist nichts von Pose und nichts von kleinen Zügen, die durch Rückschluß

Die Schwester des Künstlers. 1892.

das Wesen des Menschen klären helfen. Nichts als der Mensch allein. Nur eine leichte Verschiebung aus der Mitte macht die Strenge dieser schlichten und fast asketisch einfachen Komposition erträglich, gibt eine leise versöhnende Milde. Kein anderer hätte es gewagt, diese große Silhouette zu zeichnen und nur mit ein paar breiten Farbtupfen das Stoffliche des Kleides anzudeuten. Aber unter allen Menschenbildern der Zeit steht dieses eindrücklich und unvergeßlich wie ein Monument in Stein.

In einem Jahrzehnt reichen Schaffens hatte Munch ein Kapital künstlerischer Werte aufgespeichert, dessen Ausbreitung allein ihm reiche Arbeit für die Zufunft verhieß. Er fühlte sich reif, der Welt zu zeigen, was er geleistet hatte, und er begegnete nur Hohn und Entrüstung, von den Wohlmeinenden im besten Falle gute Lehren, die ihm nicht dienen konnten. Daß er sich nicht beirren ließ, zeigt, daß er sich seines Wollens klar bewußt war. Dem rückschauenden Blick zeichnet sich in aller Vielgestalt seines Schaffens deutlich schon der Umriß seiner künftigen Kunst. Der Schöpfer des Werkes sah, als er am Abschluß dieser ersten Periode seines Schaffens stand, das Künftige vor sich als sicheren Besitz.

Frauenklinik. Lithographie. 1896.

Selbstbildnis. 1895.

DAS SCHICKSAL DES KÜNSTLERS

Auf eine geheimnisvolle Weise vereinigen sich in der Seele des Künstlers die Kräfte, die seinem Wege die Richtung geben. Bestimmung lenkt das Schicksal des Auserwählten. Er ist nicht frei wie andere Menschen, die nach eigenem Gutdünken ihren Weg suchen. Die Spur seines Daseins ist vorgezeichnet, die Entfaltung seiner Persönlichkeit vorausgebildet in den Keimen seines eigenen Inneren. Ihm bleibt keine Wahl, nachdem er sich einmal gefunden hat. Er steht unter dem Zwang einer immanenten Pflicht. Falscher Schein ist die Ungebundenheit des Genies. Äußeren Gesetzen darf der geniale Mensch nicht gehorchen, weil sie Hindernisse sind auf dem notwendigen Wege seiner inneren Entwicklung.

Die anderen bindet nur die Notdurft des Leibes. Sie gehören der Gesellschaft, der sie dienen, und die sie nährt. Sie erfüllen Pflichten gegen die Welt, aber sie sind frei gegen sich selbst. Ihr Dasein unterliegt nur ihrer eigenen Bestimmung, und allein die äußere Not treibt sie, einem Zwang sich zu fügen, der ihnen Arbeit auferlegt und Nahrung schafft. So sind sie die Freien vor dem Schicksal, das ihre Wege nicht vorzeichnet, sind die Knechte der Gesellschaft, die ihre Fron verlangt und ihnen Kleid und Kost als Entgelt bietet.

Die Fertigkeit der Hand, die der Knabe mitbrachte, war ein Geschenk des Schicksals, eine Gabe, die genutzt werden konnte, die Wege eines bürgerlichen Daseins zu ebnen. Er mochte Techniker werden, er durfte den Beruf des Malers selbst ergreifen, und er hätte dem Bedarf des Tages dienen können wie viele andere, Bilder schaffen, die menschliche Wohnstätten zieren, die das Gedächtnis der Persönlichkeit bewahren und die Wände der Häuser schmücken. Aber nicht die Hand macht den Künstler. In den Tiefen seiner Seele war seine Bestimmung geschrieben. Er besaß jenes zweite Gesicht, die Gabe, mehr zu schauen, als anderen offenbar wird. Dieses innere Auge lenkte seine Hand.

Lehrer und Beispiel konnten ihm das Handwerk weisen. Aber er mußte die überkommenen Ausdrucksformen umbilden, daß sie zu seiner Sprache wurden, zu Werkzeugen eines Formwillens, der aus seinem Innern zur Oberfläche drängte, ihm selbst noch unbekannt, ihm selbst unheimlich und unbegreiflich, aber notwendig wie das Schicksal. Die Hand lernte die Schrift nachzeichnen, deren andere sich bedienten. Er war ein geduldiger Schüler, und er zwang sich, nochmals und abermals, den Regeln der anderen zu folgen. Er schuf Werke, die seinem Wesen fremd waren. Sein Talent hätte ausgereicht, einen zweiten Christian Krogh aus ihm werden zu lassen oder einen tüchtigen Gefolgsmann der französischen Impressionisten. Wohlmeinende Freunde glaubten ihn ernstlich warnen zu sollen, als es sich zeigte, daß er von dieser geraden Straße wich. Sein Genie erlaubte ihm nicht, auf ihre Stimmen zu hören. Sein Schaffen war nicht frei wie das der vielen, denen die Tradition die bequeme Richtschnur ist, die Art und Meister wählen nach eigenem Geschmack und Können. Er gehorchte einem Zwang, gegen den es kein Widerstreben gab.

So fremdartig schien ihm selbst, was da unter seinen Händen entstand, daß es ihm nicht als Bild galt. Er sah sein eigenstes Werk, als es zum ersten Male fertig stand, nur wie ein Experiment, und er zwang sich, nebenher Bilder zu malen wie die anderen, da er, ganz auf sich gestellt, noch nicht wagte, allein seiner inneren Stimme zu vertrauen. So entstanden die Schulbilder, in denen von Munchs Künstlerschaft sich nichts offenbart als das überlegene Können, so zur gleichen Zeit die großen Werke, in denen eine fremde Form noch den Kern eigenen Erlebens verhüllt.

Ein gut Teil aller Kunst ist Konvention. Das Kind übernimmt mit der Sprache das Erbe seines Geschlechtes, und in ihren Formen vollzieht sich sein Denken. Der Künstler übersetzt seine Visionen in die allgemeine Ausdrucksform seiner Zeit. Er opfert die Reinheit der Konzeption, um Bilder zu schaffen, die den Menschen verständlich, eine Schrift zu schreiben, die sie zu lesen gewohnt sind. Er fälscht mit Bewußtsein die eigene Empfindung, indem er sein Erlebnis in fremde Formen kleidet. Wo ein Künstler zum ersten Male den Mut zum reinen Ausdruck seines Selbst findet, da erschrecken die Menschen, stehen vor einem Unfaßlichen, das erst neue Gewöhnung ihnen vertraut werden läßt.

Munch ist von Natur nicht ein Kämpfer. Sein Wesen ist eher liebenswürdig und scheu. Er wollte die Menschen nicht zwingen. In der Stille zuerst entstanden die Versuche, in denen er alles von sich tut, was dem reinen Ausdruck seines Gestaltwillens entgegensteht. Erst langsam, angesichts

Sturm. 1893.

des fertigen Werkes, erkennt er dessen Bedeutung, und die Ehrlichkeit gegen sich selbst zwingt ihn, in Zukunft Konzessionen zu meiden, die ihm ursprünglich selbst als notwendige Forderung des Bildes erschienen.

Sein Schicksal nötigte Munch, abseits zu stehen von den Wegen der anderen. Er war hineingeboren in eine Welt, die in der Wahrheit das höchste Ziel alles künstlerischen Schaffens sah. Wirklichkeitsabbild allein sollte jedes Kunstwerk sein. Das Rätsel der Kunst galt für gelöst. Ein Zweifel blieb keinem erlaubt. Das Dogma war formuliert, und es duldete kein Ausweichen.

Impressionismus war das Schlagwort. Dem Eindruck sich hingeben heißt ganz dem Naturvorbilde gehorchen und das Kunstwerk zur Interpretation der Wirklichkeit werden lassen. Aber neben der passiven Hingabe haben die formende Gestaltung, das aktive Erleben und seine Mitteilung ihr Recht. Sie haben es im impressionistischen Kunstwerke selbst, und sie mußten stärker zur Oberfläche drängen, nachdem sie lange zurückgehalten waren.

Munch galt sich selbst als ein Ausgestoßener, da ihm ein anderes Ideal höchster Kunst vorschwebte und in seltsam abseitigen Werken Erfüllung wurde. Aber als seine Zeit kam, zeigte es sich, daß auch sein Weg zu einem Ziele führte, daß nur der dogmatische Fanatismus der anderen die Grenzen der Kunst zu eng verbaut hatte.

Zwanzig Jahre nachdem Munch zum ersten Male die Summe seines Schaffens gezeigt hatte, wurde das neue Schlagwort vom Expressionismus geprägt und eine neue Theorie der alten entgegengestellt. In ihrer Einseitigkeit bleibt sie ebenso abstrakt wie die andere, und in ihrer tendenziösen Formulierung führt sie schnell zu künstlichen Abstraktionen und theoretisch ersonnenen Formgebilden, in denen zum ersten Male das reine Prinzip sich inkarnierte, um zugleich seine Unhaltbarkeit zu erweisen. Was von den seltsamen Aposteln der neuen Kunst als „absolute Malerei" proklamiert wurde, ist überhaupt nicht mehr Kunst. Die körperlosen Gefühlssymbole sind so wenig Malerei, wie Interjektionen allein ein lyrisches Gedicht bilden. In dem Prinzip der absoluten Gestaltung wurde zur gleichen Stunde eine neue Alleinherrschaft der reinen Form verkündet. Und als künstlerische Interpretation der tyrannisch exklusiven Theorie wurde der Kubismus erfunden, der in der geometrischen Figur endet. In dieser Hochflut ästhetischer

Spekulation war endlich auch das Prinzip des Impressionismus selbst durch gedankliche Isolierung ad absurdum geführt. Was Mach in seiner Auflösung des Weltbildes in Empfindungselemente für die Wissenschaft zu begründen suchte, das formulierten die italienischen Maler, die sich selbst als die Träger der zukünftigen Entwicklung bezeichneten, in Bildern, die aus der Wirklichkeit ein chaotisches Gemenge von Erinnerungsteilen übernahmen, um ein Prinzip zu illustrieren, das ihrem Werke nicht einmal immanent, sondern nur als Formel untergelegt war.

Mit all diesen seltsamen Verirrungen der jüngsten Zeit ist auch Munchs Kunst von dieser und von jener Seite in Verbindung gebracht worden. Er wurde als einer der Vorläufer und Künder dieser letzten Entwicklung in Anspruch genommen, und es leuchtet ein, daß sein Schaffen in einem Zusammenhang mit solchen Strömungen steht, ohne doch an ihren Entartungen einen Anteil zu haben. Wenn das Wort Expressionismus einen Sinn hat, wenn es eine Kunst gibt, die in erster Linie Ausdruck eines Seelischen sein will, so gebührt Munchs Schaffen dieser Name. Das war es, was er vor sich sah, als er selbst „Abschied vom Impressionismus" nahm, als er ein Bild gestaltete, das nur mehr im Gefühlsausdruck sich vollendete, wie ein lyrisches Gedicht, das nicht beschreibt, nicht baut, sondern lediglich einer Stimmung Töne gibt.

Munch verzichtete nicht auf die Form überhaupt. Ihm kam niemals der abstruse Gedanke, in Symbolen allein sich ausdrücken zu wollen. Denn jedes Gefühl ist gebunden an ein materielles Substrat. Und wie die Namen der Grundgefühle leere Worte bleiben, wenn sie nicht in einem Erlebnis sich realisieren, so ist die Form ein wesenloses Gebilde, sofern sie gelöst ist von jeder realen Bedeutsamkeit. In Munchs Landschaften lebt eine geheimnisvolle Stimmungskraft. Die Linien, die er zeichnet, sind mehr als nur die Konturen einer zufälligen Wirklichkeit. Die Formen haben ein Leben unabhängig von ihrem realen Sinn, wie der Klang der Vokale, der Rhythmus der Worte, die Bindungen der Reime in einem lyrischen Gedicht. Aber der Sinn wird nicht zerstört, sondern gesteigert durch solche künstlerische Gestaltung. Die tiefere Bedeutsamkeit einer Vision, der Stimmungszauber einer Landschaft werden sichtbare Form. Das tätige Erleben eines auserwählten Künstlermenschen gewinnt mitteilbare Gestalt, und auch den

Blinden öffnen sich die Augen. Eine ungeahnte Welt erschließt sich, die Innenwelt eines Einzigen, die sich in den Formen einer Außenwelt offenbart, die keiner noch mit solchen Sinnen gesehen hatte.

Jedes geniehafte Schaffen hat diese Form, ob es nun impressionistisch, formalistisch oder expressionistisch ist, ob der Künstler ein Abbild der Wirklichkeit gibt, wie noch nie einer vor ihm sie schaute, ob er Formen gestaltet, die vor seinem inneren Auge entstanden, oder ob er sein seelisches Erleben in die Umwelt projizierte. Ein Mädchenakt kann ein Stück belebter Materie sein oder ein edler Bau. Für Munch verdichtet sich in ihm zugleich das Geheimnis des ersten Erwachens der Geschlechtlichkeit. Trotzdem ist da ein lebendes Wesen, ein weiblicher Akt mit all seinem Reichtum an Formen gestaltet, ist da ein Gebäude von Linien und Farben. Aber der Sinn, auf den alles hinzielt, die letzte Bedeutung, die in dem Bilde sich offenbart, ist das seelische Erlebnis, das ihm zum Grunde liegt und Anlaß seiner Gestaltung wurde.

Vieles ist diesem letzten hier schon geopfert. Mehr noch mußte in anderen Werken preisgegeben werden, damit dieses eine desto reiner sich offenbarte. Auch ein lyrisches Gedicht darf nicht bei jedem Detail der Naturschilderung verweilen, und sofern es wahre Lyrik, als Gefühlsmitteilung, ist, nicht der festen Form der Stanze sich beugen. Auch die Form aber wird ihm zum Ausdruck, und der erzählende Sinn geht niemals ganz verloren. So in Munchs Bildern. Die Bedeutsamkeit ruht nicht im Gegenständlichen, wenn er eine Landschaft malt mit einer Brücke, über deren Geländer drei Mädchen sich beugen. Der erzählende Inhalt ist fast gleichgültig. Aber sein Wesen wird durch formende Gestaltung zu eigenartig tiefer Bedeutsamkeit gesteigert.

Den Mitlebenden mußte dies gerade bedenklich scheinen. Man war auf einen extremen Naturalismus eingeschworen, und aller Inhalt war der Literatur verdächtig. Kein schlimmeres Wort gab es als dieses. Die Reinheit der künstlerischen Intention wurde an der Bedeutungslosigkeit des Gegenstandes gemessen. Das gemalte Spargelbund war das vielbesprochene Extrem eines artistischen Purismus, und die Ästhetiker zerbrachen sich den Kopf, ob die Madonna, als das an sich höhere Thema, auch als Kunstwerk notwendig den Vorrang habe.

Landstraße. 1902.

Munchs „krankes Mädchen" entstammt einer anderen künstlerischen Vorstellungswelt als Manets berühmtes Spargelbund. Es ist eine bemerkenswerte Tatsache, daß Munch zeit seines Lebens niemals ein reines Stilleben gemalt hat. Das artistische Problem einer Kombination selbstgewählter Naturformen lag ganz außerhalb seiner Sphäre. Auch die Natur ist ihm stets belebter Organismus, dessen losgelöste Glieder ihm keine Bedeutung haben.

Darum stand Munch als ein Fremder in seiner Umgebung. Wohl empfing er von Gauguins Wirken, von van Goghs Werk Kunde, als er in Paris lebte. Aber er fand kaum eine Verbindung mit ihren Kreisen. Und in Berlin, wo die Besten für ihn eingetreten waren, da ihm ein äußeres Unrecht geschah, blieb er doch einsam unter den Künstlern, die sein Können achten mochten, aber sein Wollen nicht verstanden.

Im Kreise der Literaten fand er die erste Würdigung. Da gab es einige, die ganz und unvoreingenommen sich dem Gefühlsgehalt seiner Bilder hingaben, zu begeisterten Interpretationen sich hinreißen ließen, die wohl den Inhalt seiner Werke mit treffenden Worten umschrieben, aber ihre bildkünstlerische Bedeutsamkeit kaum noch erkannten, denn den aufdringlichen Machwerken einer billigen Pseudokunst galten gleich hymnische Interpretationen. Und doch verband ihn auch eine tiefere Gemeinsamkeit mit diesem Kreise. Früher als die bildende Kunst suchte die Dichtung Auswege aus den Bindungen des Naturalismus. Des Künstlers Landsmann Knut Hamsun blickte in die geheimen Gänge seelischen Erlebens, dem die scheinbare Bedeutungslosigkeit des Alltags zum tiefen Mysterium wird. Der genialische Strindberg ahnte Welten einer neuen Kunst, rüttelte mit kühner Hand an allen Grundvesten menschlichen Wissens und ward von angstvollen Visionen einer ungekannten Existenz bis zum Verfolgungswahn gepeinigt. Maeterlincks seltsame Traumspiele fanden ihre ersten Bewunderer. Der Pole Przybyszewski, in dem mehr Sehnsucht lebte als Künstlerschaft, war der begeisterte Interpret alles neuen Wollens.

In diesem Kreise fand Munch zuerst die Bestätigung seiner Ideen. Was ihm selbst nur als Experiment gegolten hatte, begegnete hier lautester Zustimmung. Zwar warnten auch die wohlwollendsten Kritiker noch, da sie seine Kunst an dem maßen, was von anderen geschaffen wurde. Aber Munch stand nun in Berlin doch nicht mehr so isoliert, wie er es in Kristiania gewesen, da jedes seiner Werke ein Mißerfolg war. Es ist wahr, daß er in sich alles mitbrachte, als er zu seiner ersten Ausstellung nach Deutschland aufbrach. Aber es ist ebenso gewiß, daß er hier erst die Zuversicht fand und den Mut, ganz und nur auf sich selbst zu vertrauen.

Der alte Schiffer. Holzschnitt. 1899.

Sterbezimmer. Lithographie. 1896.
Nach dem Gemälde von 1896.

DER FRIES DES LEBENS

DIE großen Kollektivausstellungen seiner Werke waren für Munch immer ein starkes Erlebnis, und sie wurden nicht selten zu Ereignissen von weittragender Bedeutung für sein Leben und seine künftige Entwicklung. Hier allein fand er Gelegenheit, sich Rechenschaft abzulegen über sein bisheriges Schaffen. Sonst standen ihm nicht die Räume zur Verfügung, an die er dachte, für die er hätte schaffen mögen. Hier sah er für kurze Zeit wenigstens seine Gemälde in Sälen, die ihnen angemessen waren, konnte sich klar werden über ihre Wirkung, über das, was erreicht war, und was es weiter zu fördern galt.

Noch eine andere Eigentümlichkeit bemerkte jeder, der Munch näher kennen zu lernen Gelegenheit hatte. Er liebt es, sich mit seinen Werken zu umgeben, nicht nur mit den jüngsten, auch mit älteren Arbeiten, und er trennt sich nur schweren Herzens von ihnen. Nicht wenige sind es, die er um keinen Preis fortgeben möchte. Sein Schaffen löst sich nicht in einzelne Bilder. Es ist ein großer Bau, dessen Teile sich zum sinnvollen Ganzen eines Lebenswerkes fügen. Gelegenheitsarbeiten, Studien, Eingebungen einer Stunde gehen nebenher. Aber das übrige gehört zusammen, und darum ist es ein schwerer Entschluß, es zu zerreißen. Für Munch sind die Ausstellungen die einzige Gelegenheit, der Welt sein Schaffen zu zeigen, wie er es versteht, und zugleich in der jedesmal neuen Zusammenstellung seiner Werke sich selbst klar zu werden über ihre Wirkung. Dazu braucht er seine Bilder, die andere leichteren Herzens hingeben.

Aber er braucht sie auch für seine Arbeit selbst. Innere Visionen werden äußere Gestalt. Ein nicht immer leichter Schaffensprozeß läßt das Werk entstehen. Jedes vollendete Bild wird zur Stufe für das nächste, das folgt. Die gestaltete Vision gehört der realen Welt. Wie andere in einer besonderen Umgebung leben müssen, deren Motive sie immer aufs neue zu Bildern anregen, so Munch unter seinen eigenen Werken, aus denen ihm eine neue Umwelt sich aufbaut.

So eifersüchtig Munch seine Bilder vor allzu begehrlichen Liebhabern hütet, so sorglos ist er auf der anderen Seite im Umgang mit ihnen. Was er einmal geschaffen hat, bleibt sein fester Besitz. Der Prozeß der Realisierung im Bilde läßt sich wiederholen. Er nimmt im artistischen Sinne jedesmal eine andere Form an. Die wesentliche Gestalt bleibt erhalten. So kommt es, daß Wiederholungen und Varianten seiner Werke nicht selten in Munchs Schaffen vorkommen. Zuweilen ließ nur ein äußerer Anlaß sie entstehen. Immer aber bedeuten sie zugleich einen neuen Versuch endgültiger Lösung des formalen Problems, das die Aufgabe birgt.

Es ist hier oft die Rede davon, daß Munch einer inneren Vision in äußeren Formen Gestalt gibt. Aber es wäre falsch, sein Schaffen darum etwa einem mediumistischen Trancezustand gleichzusetzen. Das Fieber der Konzeption ist nur die erste Phase eines Entstehungsprozesses, in dem bewußte künstlerische Arbeit der wichtigste Faktor bleibt. Phantasie allein ist eine Gabe des Menschen, die ein Leben bereichern kann, aber nicht über die Persönlichkeit hinauswirkt. Die Fähigkeit der Gestaltung erst macht den Künstler, gleichgültig ob er Phantasieerlebnisse oder wirkliches Dasein oder die

Schönheit reiner Form zum Bilde werden läßt. Die suchende Hand folgt den Linien verschwommener Vorstellungen in einer ersten, flüchtigen Skizze. Der klare Blick formt das Bild, bis noch einmal aus ihm herausschaut, was, anderen unsichtbar, vor seinem inneren Auge stand.

Wäre der „Frühling" zugrunde gegangen, Munch hätte ihn gewiß nicht noch einmal gemalt. Er war ihm Studie geblieben, insofern er ein Stück Natur vor dem Modell nachschrieb. Er hätte von neuem die Gruppe stellen müssen, um das Bild zu wiederholen. Die andere Variante des gleichen Motivs gab seine Vision dieses Erlebnisses. So stand es vor seinem inneren Auge. So konnte er es immer aufs neue gestalten. Zehn Jahre nach der ersten Fassung entstand die Wiederholung, die jetzt das Museum zu Kristiania besitzt, nach nochmals einem Jahrzehnt die dritte, die in der Sammlung des Herrn Thiel in Stockholm hängt. Technik und Farbe ändern sich. Die letzte Fassung ist strahlender, leuchtender als die anderen, aber sie büßte von der Innerlichkeit der Empfindung ein, die von der ersten zur zweiten Variante eher noch eine Steigerung erfuhr.

Die früheste Formung des Themas enthält noch die Spuren des Tastens und Suchens. Sie wird gleichsam zur Studie, auf die erst das reife Werk sich gründet. Darum ist es nicht so wesentlich, ob die ursprüngliche Fassung erhalten blieb, oder ob sie zugrunde ging, wie es nicht selten geschah. Der Gestaltbesitz des Künstlers trägt die einmal geschaffene Form in sich, während das bloße Phantasieerlebnis mit den vielen, die ihm gleichen, im Meere des Vergessens versank.

Als Munch im Jahre 1892 nach Berlin kam, brachte er außer den Bildern, die er in seiner Ausstellung zu zeigen hatte, einen reichen Besitz solcher gestalt geformten Vorstellungsinhalts mit sich. Die Werke, die hier in der Folgezeit entstanden, sind auf diese Weise fest verknüpft mit den Schöpfungen der voraufgehenden Jahre, so daß eine scharfe Trennungslinie sich nicht ziehen läßt. Der „Tag danach", die „Nacht" sind in den einzig erhalten gebliebenen Fassungen erst in Berlin entstanden. Aber sie geben ältere Bildgedanken wieder. Und ebenso gehen andere Werke dieser Jahre auf frühere Motive zurück. Die Aufgabe, die Munch vor sich sah, war die Ausbreitung aufgespeicherten Schatzes. Bild für Bild stand fertig, und wie von selbst rundete sich die Reihe zu einer großen symphonischen Dichtung, deren

Das kranke Mädchen. Farbenlithographie. 1896.

Inhalt das Leben selbst war. In Bildern verdichteten sich die Geheimnisse und Leidenschaften des Daseins, Lieben und Sterben, die Angst vor dem Unbekannten und das Gleichnis der menschlichen Seele in der scheinbar toten Natur. So entstand ein Zyklus, in dem sich das Innenleben eines Menschen in Bildern spiegelte. Der Künstler träumte von einem großen Saale, um dessen Wände sich ein Fries ziehen sollte, der sein Lebenswerk bedeutete. Eine Ausstellung verwirklichte für kurze Zeit den Gedanken. Wieder fand sie in Berlin statt, zehn Jahre nach jener ersten, und sie ward zum Schlußstein dieser Epoche, Munch nahm mit ihr Abschied von seinen Jünglingsjahren, um einer neuen Reife entgegenzugehen.

In zwei Reihen hatten sich die Bilder, die in diesen Jahren entstanden waren, geordnet. Dem Mysterium der Liebe galt die eine, dem Rätsel des Sterbens die andere. Mit dem Keimen der Liebe setzte es ein, ihr Wachsen und Vergehen folgte. Die Bilder der Lebensangst standen gegenüber, und aus ihr wurde der Tod. Vorstellungen der Jahreszeiten, der Stunden des Tages verknüpfen sich den inneren Erlebnissen. Sie klingen nur an, ohne daß sie im einzelnen ausgedeutet werden. In der Sommernacht erblüht die Liebe. Unter dem Abendstern keimte sie. Die roten Wolken des Herbstes wecken die große Angst vor dem Leben. Zu einem Wahnsinnsschrei krampft sich die ganze Natur. Die Todesstunde naht. Das Unentrinnbare kündet sich an. Ein Wesen, kaum noch Mensch, verdichtet sich gleichsam aus dem Nichts, schreit hinaus, schauerlich in seiner unsagbaren Angst, hält sich selbst die Ohren zu vor dem eigenen Schrei, da die Gewalt der Stimme das Gefäß zu sprengen droht.

Vielleicht sah Munch einmal einen Menschen so aus allen Kräften schreien. Vielleicht rief er nur, vielleicht war er wirklich von einem Schreck befallen. Vielleicht auch wuchs dieses Geschöpf nur in der Phantasie des Künstlers. Er gestaltet ihn zu dem Inbegriff alles Schreiens. Er vernichtet jeden Zug, der noch an leibhaftiges Dasein erinnert. Dieses Wesen braucht keine andere Lebensfähigkeit. Es verkörpert nur mehr die eine Funktion. Sein Körper biegt sich. Die Arme verkümmern. Von den Händen bleibt nur der Kontur, der den Kopf begleitet. Der Schädel verbildet sich zu grausamer Mißgestalt. Alle Linien schwingen um die eine Kurve des weit aufgerissenen Mundes, aus dem der langgezogene Schrei hervorquillt,

Geschrei. Lithographie. 1895.

dessen gellenden Ton man zu hören glaubt. Wie die Linien des Körpers, so vollenden sich die Formen der Landschaft in dem vielstimmigen Akkord, der den einen Grundton begleitet. So vollkommen geht eines in dem anderen auf, daß man nicht zu sagen wüßte, ob dieses Wesen sich seine Umwelt gebar, oder ob es aus ihr entstand. In schwindelnder Perspektive reißt eine Brücke den Blick in die Tiefe. Rote Wolkenstreifen stehen, dem Widerschein eines gewaltigen Feuers gleich, am Firmament. Und weit drunten liegt das Meer, eine tote Ferne, kalt mitleidlos, die ganze Natur wird zum Feinde des Menschen, der fremd in ihr steht, wie die Menschen selbst aneinander vorübergehen, ohne von ihren Leiden zu wissen, wie der Schrei ungehört im Wesenlosen verhallt, da keiner Ohren hat, des anderen Stimme zu vernehmen. So vollendet sich das Bild in den beiden Gestalten, die in weiter Ferne auftauchen und doch auf dem Steg derselben Brücke, die mit unheimlicher Eile in der Tiefe verschwindet. Es ist keine gedankliche Beziehung, die mühsam das eine mit dem anderen verknüpft. Unmittelbar eindrücklich springt aus der Anschauung der Funke der Idee auf den Beschauer über.

In kaum einem Bilde sonst hat Munch so weit bis auf einen letzten Rest das Gegenständliche vernichtet wie in diesem. Aus einer ähnlichen Stimmung wuchs jenes andere, daß er „Sturm" nannte. Man wird sich vergeblich bemühen, die Legende zu finden, die eine novellistische Deutung gibt. Erregung durchzittert das Bild. Sie macht die Menschen schauern, und sie biegt den einsamen Baum, der vor den helldurchschienenen Fenstern des Hauses steht. Große Steine türmen sich. Unheimliche Schattenwände stehen vor nächtlichem Himmel. Sturmhauch durchzittert die Natur.

Das Sterben naht. Erinnerungen an Bilder, die er in der Jugend gesehen, steigen in der Seele des Künstlers empor. Seit er die Landschaft entdeckte, verknüpfte sich Munch jedes Erlebnis mit einer weiten Umgebung. Die Visionen von drückender Enge luftloser Stuben scheinen einer früheren Phase zu entstammen. Auch das „Sterbezimmer" beschwört einen alten Eindruck wieder, und es geht zugleich weiter in der Individualisierung des Vorgangs als die rein visionären Verkörperungen letzter menschlicher Allgemeingefühle. Man glaubt die Schwester des Künstlers wiederzuerkennen, und man ahnt die verwandtschaftlichen Beziehungen, die die übrigen verknüpfen. Sie alle aber sind nur die Träger eines Gedankens, einer Empfindung, die sich in vielen Seelen spiegelt. Tod hält Einkehr. Ein Menschenleben vollendet sich. Man sieht nur den abgewendeten Stuhl, ahnt das Dasein eines Menschen, um dessen Schicksal die Gedanken der übrigen kreisen. Der alte Vater hebt fromm ergeben gefaltete Hände. Leidvoll betreut die eine der Töchter die sterbende Mutter. Vorn baut sich eine Gruppe groß in das Bild. Ein Mädchen, sitzend, den Kopf gesenkt. Hoch aufgerichtet hinter ihr die Schwester. Sie schaut gerade aus dem Bilde heraus. Ihr Blick ist ins Weite, ins Leere gerichtet. Wie gebannt haften die Augen des Jünglings an dem Stuhl, in dem die Mutter den letzten Atemzug tut. Gebeugt schleicht drüben ein anderer davon. In fahlen Farben lebt der Raum. Vor der mattgrünen Wand stehen die blauschwarzen Gewänder der Menschen auf den kahlen, braunen Dielen des Bodens. Trostlos ist die Öde dieses Zimmers, in dem die Menschen sich zu Gruppen schließen, als müßten sie vor der großen Leere des Raumes sich retten. Es braucht kein Symbol in dem Bilde, um das Nahen des Todes zu deuten. Kein Gerippe erscheint und kein verzerrtes Antlitz, in dem der Schmerz sich spiegelt. Ein stummes Klingen allein deutet den Sinn des Geschehens. Die zwei Silhouetten des Vaters und der Tochter, die gerade aufgerichtet vor der Wand stehen, die beiden gleich sich neigenden Profilgestalten der Schwester und des Bruders zur Rechten und zur Linken, dazu die große Figur des gebeugt sitzenden Mädchens vorn und der

Tanz.

Jüngling, der einwärts blickend die Gruppen bindet, das sind die Elemente, aus denen Munch ein Kunstwerk baut, in dem die Erinnerung an das schwerste Erlebnis seiner Jugend zur Form sich verdichtet.

Werden und Vergehen ist dem Jüngling das Leben. Werden ist Liebe. Auch über der Liebe aber lagert der Schatten des Jenseits. Munchs Menschen finden sich nicht in schöner Freiheit. Es zwingt sie zueinander, und sie gehorchen einer Gewalt, die ihnen zum Schicksal wird. Der Tanz ist nicht rhythmisches Bewegen, kein Auf und Ab wiegender Formen. Er ist das Gleichnis der Paarung, das Sichfinden der Geschlechter. Wie die indischen Götterbildner das Mysterium von Geburt und Wiedergeburt an den Fassaden der Tempel in den zahllosen Formen des Geschlechtsaktes symbolisierten, so wird dem Künstler einer anderen Zeit und Rasse der Tanz zum Gleichnis. Die Paare umschlingen sich. Aug in Auge finden sich die Seelen. In wilder Umarmung rasen andere. Mädchen harren einsam ihrer Erfüllung.

Lieben ist Leiden. Im Kuß verschmelzen zwei Wesen. Einem Schemen gleich steht ein Doppelwesen aus Mann und Weib in nächtlichem Schatten, ausgestoßen vom Leben. In hellem Nachen zieht heitere Daseinsfreude vorüber. Gruppen weißgekleideter Mädchen stehen am Strande. Aus tiefen Höhlen blicken schreckhaft die Augen der einen, die das Schicksal der Liebe fand. Die nordische Sommernacht kennt dieses harte Nebeneinander tiefen Schattens und hellen Lichtes. Die Farben leuchten doppelt stark. Ein Fleck feurigen Rots glänzt aus dem Kahn. Das Weiß bekommt ein Eigenleben, als würde es selbst strahlende Materie. Die Atmosphäre ist lichtlos und fahl. Die Gegenstände allein werden leuchtend. Dicht daneben, im Schatten, ist die Nacht. Das Licht wird zum unbefangen heiteren Leben, das Dunkel zur Liebe.

Das Weib ist der Vampyr, der das Blut des Mannes saugt. Es umfängt ihn. Die Haare sind wie ein Netz, das sich über ihn breitet. Er versinkt in der Umarmung, die ihm den Atem raubt. Sie nimmt ihm die Kräfte, geht hin, dem anderen zu folgen. Er starrt ins Leere, und vor seinem inneren Auge erscheint ihr Bild, wie sie dem anderen sich gibt. Die Geschlechter bleiben einander in Ewigkeit fremd. Das Weib ist dem Manne die große Sphinx. Viele Wesen leben ihm in dem einen. Sie ist eine andere heut, eine andere morgen. Lüsterne Begierde, schweifende Sehnsucht,

Eifersucht. Lithographie. 1896.

mütterliches Verstehen. Eins und das andere. So zeigt sie bald diese, bald jene Gestalt. Einsam bleibt der Verlassene, und einsam ruht endlich das Weib am Gestade des Meeres. Tief gebeugt sitzt sie auf einem Stein, das wirre Haar fällt über den Kopf herab, den die Hand stützt. Der Stein scheint mit ihr zu weinen, die Linie des Ufers, die in weitem Bogen ansteigt, um die Verlassene zu klagen.

Zweiundzwanzig Bilder waren zu einem Zyklus vereint, als Munch im Jahre 1902 den vollendeten Fries in der Ausstellung der Berliner Sezession zeigte. Eine Reihe der Motive wurde in der neuen Folge für Dr. Linde wieder aufgenommen. Und nochmals gingen diese in erneuter Abwandlung in die dritte Fassung über, die einzige, die wenigstens für eine Reihe von Jahren eine Heimstätte fand. Diese letzte Variante reicht zeitlich schon weit hinab in eine Epoche neuen Schaffens. Der Künstler schaltet nochmals freier mit den eigenen, alten Motiven. Mehr als früher, da das einzelne für sich entstand, vermag er das Ganze als einheitlichen Klang zu gestalten. Die Bilder schließen sich zu Gruppen, wie die Wände sie gliedern, und ein matter Ton, aus dem die Farben geheimnisvoll leuchten, eint alle zu einem köstlichen Bande.

Jeder Rest von Erdenschwere scheint gelöst. Leicht geht der Pinsel über die Fläche. Die Formen sind der Hand vertraut. Sie schreibt immer kühner die Kurven, setzt sicherer die Töne. Die alten Teile fügen sich zu neuen Bildern. So sah Munch das wispernde Flüstern in einer Gruppe von Mädchen, wenn die Köpfe sich zueinander neigen. Sie verschmelzen zu einer dichten Masse, ihre hellen Kleider fließen ineinander, und die blonden Haare krönen den lebendigen Kegel. Zwei Menschen schreiten hinaus, dem Meere entgegen. Weit dehnt sich die endlose Fläche. Allein sind die beiden. Sie trägt den Kopf erhoben. Das gelbe Haar fällt in gelösten Strähnen über das weiße Kleid. Er schreitet neben ihr, einen Schritt noch zurück. Dumpf ballt sich seine Gestalt. Begierde droht. Er fühlt die Last des Schweigens, empfindet nur noch eines, das Weib.

Alle Formen, die solche Bilder bauen, waren zu festem Vorstellungsbesitz geworden. Je mehr das Werk reift, je weiter es sich entfernt von der Stunde der ersten Konzeption, desto reiner folgt es allein dem Bildgesetz, desto vollkommener werden die Harmonien, fallen alle Schlacken zufälliger Einzel beobachtung, an der ursprünglich die Vision zur Gestalt wurde. Früher ahnt

Zwei Menschen. Radierung. 1895.

Fjordinsel. 1900.

man hier oder dort noch Züge bestimmter Menschen. Von den Formen der Gesichter bleibt in den späteren Fassungen immer weniger bestehen. Nicht eine isolierte Stelle im Bilde soll stärker sprechen als andere. Das Ganze soll klingen, das Antlitz nichts sagen, was nicht deutlicher noch in den Linien der Gestalt schwingt, der Mensch nichts, was nicht in den Formen der unbelebten Natur ebenso spricht.

Seitdem Munch in Aasgaarstrand seine Landschaft gefunden hatte, ist er ihr durch diese ganze Zeit seines Schaffens treu geblieben. Ihre Formen waren sein Eigentum, er kannte die Linien des Strandes, die schweren Gebilde der großen Steine, die dichtbelaubten Bäume und die niederen Häuser. In dieser Landschaft lebten seine Gestalten. Und hierhin kehrte er zurück, um seine Augen wieder und wieder an den vertrauten Formen zu stärken.

Immer mehr steigert sich Munch auch die Landschaft zu einem Wesen von innerer Lebendigkeit. Das Element der Stimmung tritt rein heraus. Das Landschaftsbild wird lyrischer Sang. Das Einzelne verliert an Bedeutung. So wenig wie ein Mensch ist ein Baum noch ein kenntlich differenziertes Wesen.

Winternacht. 1897.

Es bleibt nur seine Funktion im Zusammenhang des übergeordneten Ganzen, eine schwere Silhouette am abendlichen Himmel, eine züngelnde Flamme, nicht unähnlich den Zypressen van Goghs, aber aus einem anderen Temperament geboren. Gespenstisch steht der Schatten des einsamen Eilandes gegen den Horizont. Im Wasser nichts als sein eigenes Spiegelbild. Vorn das Ufer mit ein paar Fetzen von Licht, die das Dunkel nur desto lastender machen. Den nächtlichen Himmel mit seinen Sternen selbst malte Munch. Kaum noch unterscheiden sich die Formen, ein Zaun, der einen Garten umfriedet, ein großer Baum, der, einem Berge gleich, steht. Die melancholische Linie einer Landzunge schneidet in das Meer. Droben dehnt sich das Firmament, matt durchleuchtet von bläulichem Schein, dem Lichte der Sterne. Immer lockte die Nacht mit ihrem Geheimnis den Künstler. Das seltsame Licht des nordischen Sommers wie der Glanz des Schnees, dessen Weiß im Dunkel selbst zu strahlen scheint. Solche weiße Nächte hat Munch gemalt. Über die Wipfel der Bäume schweift der Blick zum fernen Horizont. Wie ein Tuch deckt weithin Schnee die Erde. In seltsamen Formen stehen schwarze Bäume vor hellem Grunde. Breit greifen die Äste der Kiefer. Wie gotische Fialen steigen die spitzen Kegel der Tannen. Augen gleich scheint Licht durch Lücken der Zweige. Stille herrscht wie in einem Totenhause. Bäume kriechen zusammen in Gruppen wie die Menschen in jenem Sterbezimmer, das Munch malte. Eine Landschaft ist Natur genau so weit wie dieses Bild lebender Wesen, Erfindung in keinem anderen Sinne als dieses. Landschaft ist nicht Ausschnitt der Wirklichkeit, sondern Ausdruck eines Erlebnisses von Nacht und Schnee, von Wald und Einsamkeit. So schreckhaft wachsen die Formen, werden dem Wanderer Bäume zu drohenden Gespenstern. Im Sterbezimmer braucht es nicht den leibhaftigen Tod, als äußeres Symbol, im Walde nicht wilde Tiere oder vermenschlichte Geister. Dem Künstler ward die Gabe des zweiten Gesichts, er gestaltet die Form, die alle Sinne erleben, während das Auge nur noch die Schatten der Dinge draußen wahrnimmt.

Ein Haus wird zum beseelten Wesen. Fenster sind Augen. Sie können leuchten, und sie können blind sein vor Sehnsucht oder vor Schmerz. Buntes Laub rankt an Mauern empor. Eingesponnen wie in Dornröschenschlaf träumt das Gebäude. Nichts ist vermenschlicht. Man denkt nicht an Bewohner und Nachbarn. Das Haus selbst ist schweigendes Wesen. Groß wie ein Wächter ragt vorn ein Baum. Zwischen mattfarbenen, hellen Zäunen windet sich die Straße empor, in unbestimmten, braunen und rosa Tönen, jener Erdfarbe, die bis zum Violett sich wandelnd auf allen Bildern aus Aasgaarstrand wiederkehrt. Aus diesem rötlichen Ton und dem Grün, das es zu beiden Seiten begleitet, baut sich der farbige Klang des Bildes. Dicht

Bewachsenes Haus. 1902.

verwoben und tiefer gestimmt kehren beide, das Rot und das Grün, wieder in dem herbstlichen Laub, das um das Haus sich spinnt, nochmals beide in dem niederen Buschwerk, das sich zur Seite hinzieht. Wie ein melancholischer Flötenton steigt ein gelber Baum aus dem düstern Dickicht, von jenem selben Gelb, in das sich das Grün der Wiesen lichtet, während vorn, wo der Weg sich biegt, aus tiefem Braun ein anderes Gelb emporflammt. Fahler Himmel steht über dem Strauß herbstlicher Farben. Nach rechts steigen die Streifen der Wolken, vollenden den starken Linienrhythmus des Bildes, der aus den heftigen Zügen von Mauern und Weg zu dem schräg und verkürzt in die Landschaft sich bauenden Hause aufsteigt, um im Himmel zu verklingen und in dem anderen Hause, das zur rechten dem Blick sich entgegenstellt, Ruhe zu finden.

So deutet Munch Natur. Er gibt ihr nicht fremdes Leben. Er findet seine eigenen Stimmungen in ihren Formen verkörpert. Was im Innern des Menschen halb unbewußt sich regt, findet draußen ein Gleichnis seiner selbst. Das ist die Seele der Landschaft. Die Seele des Menschen, die in der Umwelt sich spiegelt, die in aller Gestalt ihr eigenes Abbild findet. So sieht der Lyriker die Natur. Er versenkt sich nicht liebend in jedes Detail wie der Erzähler. Er baut nicht wie der Dramatiker nach dem immanenten Gesetz eines Formenkanons das Idealgerüst einer heroisierten Landschaft. Melodie ist ihm alles. Darum ballt er das Laub der Bäume zur Kugel, steigert die Farben und dämpft sie, damit sie zusammen schwingen zu den Akkorden eines Gesanges.

Munchs Landschaftskunst ordnet sich den Phantasiekompositionen widerspruchslos ein. Es macht kaum einen Unterschied, ob er Menschen gibt, in denen die Stimmung der Umwelt leise weiterklingt, wie die Mädchen, die über das Geländer der Brücke schauen, ob umgekehrt die Menschen zum Hauptinhalt des Bildes werden und die Landschaft nur stumme Begleitung. Anders allein, wo der Mensch ganz losgelöst von Zeit und Umgebung in das Zentrum der Darstellung rückt, im Porträt.

Wie für alles, was Munch in diesem zweiten Jahrzent geschaffen hat, war die Formel bereits in der voraufgehenden Zeit gefunden. Das Bildnis der Schwester gab den Typus, der weiter abgewandelt wird in den glücklichsten und freiesten Schöpfungen der folgenden Jahre. Ein Selbstporträt

Frau Aase Nörregaard. 1899.

zeigt den männlich reifen Künstler, nach dem ernsten Knabenkopf des Zwanzigjährigen den Mann, der seinen Weg gefunden hat, den Schöpfer einer neuen, eigenen Welt. Gespenstisch taucht die Erscheinung aus blauem Dunkel auf, das von Dämpfen zu brodeln scheint. Künstliches Licht wirft übergroße Schatten, gibt den Zügen unheimlich gespannte Lebendigkeit. Als malerische Leistung bedeutet das Bild einen Höhepunkt in Munchs Schaffen, ähnlich dem Jägerbildnis, das sechs Jahre zuvor entstand. Es ähnelt diesem noch in der Bewußtheit der Pose, die später preisgegeben wurde.

Einfacher ist das Meier-Graefe-Porträt des gleichen Jahres, schlagender das Bildnis der Frau Aase Nörregaard, das zu Ende der neunziger Jahre entstand. In solchen Bildern sagt Munch sein letztes Wort von einem Menschen. Photographische Treue kennt er im Porträt so wenig wie in seinem Schaffen sonst. Er ist nicht der Mann, der sein Auge einstellt wie einen Apparat und die Hand dem Willen des Blickes folgen läßt. Darum gerät ein überraschender Porträtauftrag leicht fremd. Es entsteht das Bild eines Menschen, der die Züge des Dargestellten trägt, der aber nicht er selbst ist, weil in Munch die Teile zu einer anderen Individualität zusammen wuchsen. Er muß die Menschen kennen, die er malt. So schuf er die vielen Bildnisse seiner Freunde, die Munch den Ruf eines Porträtmalers eintrugen, der ihm keineswegs im landläufigen Sinne des Wortes zukommt.

Auch wenn er Menschen malt, muß er das Bild von ihnen geben, das er in sich trägt. Er braucht das Modell, wie er die Natur braucht: um sie zu formen, nicht um sie zu kopieren. Das Detail schwindet ihm. Stark treten die Züge heraus, die Träger einer Wesenheit sind. Selbst von dem Gewande bleibt nicht mehr als der wesentliche Charakter. In dem Umriß der scheinbar absichtslos stehenden Gestalt spricht die typische Bewegung eines Menschen. Die leichten Puffen der Ärmel, der breite Schultereinsatz des Kleides der Frau bedeuten mehr als die Wiedergabe einer Mode von ehemals. Der Mensch ist eins mit dem Kleide. Hätte dieses andere Formen, so wäre auch die Bewegung nicht, mit der ein Arm sich in die Hüfte stützt, wäre der Mund unerträglich mit dem Lächeln, das die Zähne sehen läßt. Der helle Einsatz gibt die Kurve noch einmal, und er gibt sie in solcher Ausladung, daß die Breite des Mundes klein erscheint. So steigt die eine Ärmelpuffe, um die steile Krönung des Kopfes zu begleiten, die zu ernst wäre, bliebe sie allein im Bilde, so fällt die andere, um durch die leichte Asymmetrie den Grad von Beweglichkeit zu geben, der dem Wesen der Dargestellten entspricht. In all diesem Auf und Ab der Formen erst werden die Züge lebendig, erhalten die Augen geisterhafte Tiefe, die aus dem Leben hinauszuweisen scheint und die Bestimmung frühen Todes deutet.

Das sind die Bildnisse, deren Name vergessen wird, deren Art unverlierbar sich einprägt. Individuen sind zu Typen gesteigert. Eines der berühmtesten Porträts der Zeit hat heut schon beinahe seinen Namen

Der Franzose. 1901.

verloren. In dem Museum zu Kristiania, wo es hängt, heißt es nicht anders als „der Franzose". Der Mann steht, in ganzer Figur, den Blick geradeaus gerichtet wie alle die Menschen, die Munch malte. Die eine Hand ruht in der Hosentasche, die andere hält die Zigarette. Der ganze Mensch ein Bild lässiger Eleganz. Die schmalen Füße stellen sich auswärts, die schlanken Beine in leichtem Schreiten. Der feine Kopf ist ein ganz klein wenig gesenkt. Rötlich blonder Bart und schlichtes Haar rahmen die Züge. Das intensive Blau des Anzugs hebt den rötlichen Ton des Haares zur farbigen Pointe des Bildes, während die helle Wand, von bläulichem zu gelblichem Schimmer sich lichtend, die Komponenten des farbigen Aufbaues leise widerklingen läßt.

Es war Munchs Wille, daß dieses Bildnis mit einem anderen zusammenhängen sollte, mit dem Porträt des Malers Hermann Schlittgen. Nicht daß die Menschen im Leben etwas miteinander zu tun hatten. Aber wie die Friesbilder erst in ihrem Zusammenhang sich vollendeten, so wurde das Bild des einen Menschen durch das des anderen nochmals gehoben, durch den Kontrast gesteigert. Nicht selten vereinigte Munch zwei Menschen auf einer Leinwand. Man denkt an die venezianischen Stimmungsporträts, an das berühmte Konzert, das unter Giorgiones Namen bekannt wurde, angesichts dieser Doppelbildnisse Munchs,

81

Hermann Schlittgen. 1901.

in denen zwei Menschen einander durch den Kontrast ergänzen. So waren die beiden großen Porträts gemeint. Was bei dem Franzosen feinnervige Zartheit ist, wird bei dem Deutschen brutale Schwere. Breit ist das Format des Bildes. Massig steht die Gestalt vor dem Grunde. Wieder versinkt die eine Hand in der Tasche. Aber wo bei dem andern die Silhouette aus- und einsprang in dem Ellbogen und nochmals in dem abstehenden Zipfel der Jacke, da schließt sie hier rund sich in flacher Kurve. Einen gewaltigen Zylinderhut hält die Linke. Breit stehen die Füße auf, schwere Beine tragen die Last des Körpers. Auch die Ohren dürfen nicht abstehen. Die Form des Kopfes schließt sich zur Kugel, die runden Linien des Schnurrbarts geben dem Gesicht den Charakter. Der andere senkte leise den Blick, dieser hebt ihn. Wo der eine sich scheu in sich zurückzuziehen scheint, ist der andere ganz

Doppelbildnis. 1897.

Selbstbewußtheit und aggressive Gewalt. Seltsam farbig gefleckter Boden gibt der Gestalt die Haltung im Raume, die Basis, die sie braucht, um ihre Schwere zu tragen. Das Blau des Rockes wird bis ins Schwarz getieft. Die gelbe Wand gibt die komplementäre Begleitung, und in den dunkelblauen Flecken des Teppichs, die mit rötlichen und braunen Tupfen wechseln, wiederholt sich nochmals der gleiche Kontrast.

Leider wurden die beiden Bildnisse voneinander getrennt. Nur das eine fand im Museum von Kristiania seinen dauernden Platz. Dort hängt es an einer der Wände, die ganz Munchs Kunst gehören. An keiner anderen Stelle empfängt man einen so imposanten Eindruck der ersten Schaffensperiode des Malers wie hier. Impressionistische Bilder wollen einzeln gehängt, einzeln gesehen werden. Die starken Wirkungen, die von Munchs Gemälden ausgehen, steigern sich gegenseitig in der Fülle eines dichten Beieinander. So wollte Munch seine Bilder in den Friesen, die er komponierte. So gruppierte Jens Thiis die Werke, die er erwarb, in seinem Museum. Wie große Wandelaltäre mit geöffneten Flügeln, so wirken diese Wände, auf denen Bild an Bild über- und nebeneinander in enger Folge sich reiht. Es sind nicht die Kombinationen, an die Munch selbst dachte, als er seine Bilderzyklen schuf. Aber es zeigt sich, daß über die engen Grenzen einer dekorativen Zusammenbeziehung hinaus seinen Gemälden eine so starke schmückende Kraft innewohnt, daß sie an großen Wänden sich zu der festlichen Pracht vereinen, die den Sälen alter Galerien eignete, bevor noch pedantischer Ordnungssinn mit den dekorativen Prinzipien einer allzu ängstlich sorgenden Gegenwart in die Räume fürstlicher Prunkentfaltung ehemaliger Schlösser eingedrungen war.

Hier endlich gab die Heimatstadt Munch die Wände, die er brauchte. Aber nur das Schaffen seiner ersten Epoche fand bislang Eingang in das Museum. Noch weigert es sich der Produktion des reifen Künstlers. Und der Festsaal der Universität, in dem er sein neues Können entfalten sollte, ward ihm nach langen Kämpfen erst geöffnet.

Loslösung. Lithographie. 1896.

DIE GRAPHISCHEN ARBEITEN DER ERSTEN EPOCHE

DER Intention des Munchschen Schaffens mußte die Betätigung auf dem Gebiete der Graphik in besonderem Maße willkommen sein. Seine Kunst ist Mitteilung. Sie entstammt den tiefsten Gründen einer Persönlichkeit, und sie wendet sich an den Menschen. Sie erfüllt sich nicht als Selbstzweck in ihrer eigenen Gegebenheit. Sie will wirken. Die Ideen zyklischer Vereinigung einer Reihe von Bildern stehen damit im Zusammenhang. Wo der Künstler seine Stimme erhebt, da möchte er, daß der ganze Chor seiner Schöpfungen zusammenklinge zu einer großen Symphonie.

Solchem Wollen bietet unsere Zeit nicht leicht die Möglichkeit der Verwirklichung. Die Graphik allein gewährt das Mittel der Realisierung zyklischer Bilderfolgen. Munch kam nicht früh zur Radierung. Im zweiten Jahrzehnt seines Schaffens erst setzt seine Betätigung auf diesem Gebiete ein. Die Bildgedanken, die ihn beschäftigten, finden fast sämtlich nun in der neuen

Herrenbildnis. Radierung. 1894.

Technik eigene Gestaltung. So fehlen die Frühwerke. Als er beginnt, steht schon die große Reihe seiner Kompositionen fertig vor ihm. Von der ersten Radierung an spricht der reife Künstler.

Ein Wunder scheint es, wie er, ohne zu tasten, das neue Mittel beherrscht. Nur denen ein Wunder, die in der Radierung ein Alchymistengeheimnis ahnen, das allein dem Adepten sich enthüllt. Gern sperren die Spezialisten der Technik ihr Gebiet mit einer hohen Mauer und blicken scheel auf die Maler, die in ihrer Kunst dilettieren. Aber wer die Geschichte kennt, weiß, daß niemals die kleinen Stecher, sondern stets die großen Künstler die wahren Meister auch auf diesem Gebiete waren. Man braucht weder Dürers noch Rembrandts Namen zu nennen. Es genügt, in unserer eigenen Zeit Umschau zu halten, da Millet und Corot, Manet und Rodin die wahren Größen der Radierkunst in Frankreich, Menzel, Leibl und Liebermann in Deutschland sind, ja, der Maler Leibl, der Bildhauer Rodin, die beide nur eine ganz kleine Zahl von Platten geschaffen haben, auch die eigentlichen Förderer auf technischem Gebiete waren und wie keiner sonst die Radiernadel beherrschten.

Munchs Name steht unter diesen. Er schuf in der Radierung ein neues Ausdrucksmittel seiner Kunst. Und die gern nach sauberen Rubriken scheiden, nannten ihn einen Graphiker, um den Maler herabzusetzen zugunsten des Schwarz-Weiß-Künstlers. In Wahrheit sind beide nur eines, Malerei und Graphik untrennbar als Äußerungsformen einheitlichen Kunstwollens.

Eine herrschsüchtige Ästhetik versuchte, die zeichnenden Künste von der Malerei reinlich abzugrenzen. Ein Künstler selbst nahm das Wort, um die anderen Möglichkeiten der Schwarz-Weiß-Darstellung zu begründen. Die Zeichnung lasse der Phantasie weiteren Spielraum, erlaube, mit Andeutungen zu arbeiten, wo das Gemälde vollräumlich und körperhaft durchbilden müsse und Sachdarstellung bleibe, während die Zeichnung erzählen und Ideen verbildlichen dürfe. Niemals noch folgte echte Kunst solchen nachträglichen Gesetzen. Der Künstler formt jedes Mittel zum Ausdruck seiner bildsuchenden Phantasie. Jedes Mittel dient ihm so weit, wie es sich zum Werkzeug seines Willens fügt. Wo eine Persönlichkeit hinter dem Werke steht, da ist der Wille in allen seinen Äußerungsformen nur einer.

So gliedert sich Munchs graphisches Schaffen widerspruchslos seiner malerischen Tätigkeit ein. Das erste Porträt, das er radierte, gibt so restlos und scheinbar selbstverständlich die Stimmung einer Persönlichkeit wie nur eines der gemalten Bildnisse der Zeit. Die Formen des Kopfes sind zu großer Rundung zusammengeschlossen. Der Hauptkontur gibt den Charakter, und in konzentrischen Bogen begleiten ihn die Schattenlinien, die den Kopf umkreisen. Eine Augenhöhle ist ebenso als Gesamtform verstanden, die Nase abgegrenzt, und die Hand, die das Kinn stützt, als Masse gegeben, in der die Einzelgliederung aufgeht. Andere glänzten zu jener Zeit mit überraschenden Effekten, lösten einen Kopf im Licht, ließen wichtige Formen verschwinden oder betonten durch übertreibende Schwärzen. Munch geht mit sachlichem Ernst an seine Aufgabe. Er sucht die bestimmenden Züge im Bilde einer Persönlichkeit, baut einen Kopf sicher und klar aus seinen wesentlichen Formen.

Charakteristisch ist, wie Munch das Ohr behandelt. Es ist ihm viel zu reich an kleinteiliger Plastik. Es muß die größeren Flächen des Kopfes übertönen, wenn das Auge zu lange bei ihm verweilt. Darum streicht er es zusammen. An diesen absichtlich formlosen Ohren sind Munchs Köpfe immer zu erkennen. Trotzdem sind auch diese Ohren individualisiert, so gut wie jeder andere Teil des Gesichtes, so gut wie die Hände, die oft genug nur eben angedeutet werden.

Sehr rasch lernte Munch die kleinen Geheimnisse der Schwarzkunst, ihre Tonwirkungen und die Hilfen besonderer Instrumente und eigener Verfahren kennen und nutzen. Die Schwärze eines sammetigen Grates gibt die sprechende Wirkung des Porträts des Dr. Asch. Breit sitzt der Schnurrbart im Gesicht. Mit den zwei dunklen Flecken der Augen, die von Brauen und Kneiferlinien umrandet werden, gibt er dem Kopf die energische Betonung. Ein schmaler Streif schwarzen Haares rahmt die hohe Glatze, im Kinn sitzt ein einziger Drucker, der eine Falte markiert und die Pyramide der tiefen Schwärzen nach unten beschließt.

Ganz Zartheit ist daneben das Bildnis des Dr. Seidel. Mit feiner Roulette und leise ritzender Nadel ist das Kupfer behandelt. Der Bart legt sich in leichte Wellen. In den hellen Augen lebt leuchtender Schimmer. Mit unmittelbarer Überzeugungskraft ist im Schwarz-Weiß die verschiedene Farbigkeit in der Erscheinung zweier gegensätzlicher Persönlichkeiten zur Darstellung gebracht, der eine ganz Schwärze, der andere lichte Blondheit. Aber der Künstler hält sich viel zu sehr hinter seinem Werke verborgen, um damit zugleich eine bestimmte Aussage über die dargestellte Persönlichkeit zu verbinden. Er gibt nichts weniger als literarische Porträts. Er stellt Menschen hin, deren Erscheinung allein spricht.

Am ehesten war Munch geneigt, das Selbstporträt zu einer Aussage zu erweitern. Im gleichen Jahre, in dem das Gemälde des Museums von Kristiania

Dr. Asch. Radierung. 1895.

entstand, hat der Künstler die eigenen Züge lithographiert. Einer Erscheinung gleich taucht der Kopf aus tiefem Dunkel hervor. Ein Schriftrand oben gibt den Namen. Unten liegt quer über das Blatt hin ein Knochenarm.

Dr. Seidel. Radierung. 1893.

Von schwerer Krankheit genesen, wußte Munch sich dem Tode entronnen, und er zeichnete den Arm, der ihn berührt hatte, setzte Namen und Datum wie auf eine Gedenktafel. Aber das Blatt besteht auch ohne die literarische

Selbstbildnis. Lithographie. 1895.

Deutung. Die Formen haben ihre Notwendigkeit auch ohne den erzählenden Sinn. Der zart modellierte Kopf wäre auf weißer Fläche verschwommen. Darum legte der Künstler den schwarzen Tuschton als Hintergrund unter, der ihn nun so seltsam geisterhaft erscheinen macht. Und diese Schwärze wiederum brauchte die Begrenzung, damit der Kopf in der Fläche Halt finde. So ergab sich die Notwendigkeit der hellen Streifen oben und unten, die der Künstler in jüngster Zeit zu Unrecht beseitigte, da er ihre sinn bildliche Bedeutung störend empfand.

Wieder nimmt Munch den Kopf in voller Faceeinstellung. So sprechen ihm die Formen am zwingendsten. Die Verschiebungen der Seitenansicht bringen Zufälligkeiten, die er gern vermeidet. Die Flächen schließen sich zwischen den gleichmäßig schwingenden Kurven, die sie begrenzen. In zartem Grau modellieren sich die Formen. Zu leichter Dunkelheit vertiefen sich Mund und Augen. Im Haar erst setzen jene Schwärzen ein, die der finstere Hintergrundton verlangt.

Technisch gehört die Lithographie, die eine der frühesten ist, die Munch geschaffen hat, zu den vollendetsten Leistungen, und sie bewahrheitet aufs neue den Satz, daß die Hand des Künstlers jedes Ausdrucksmittel meistert. Früher als im Jahre 1895 hat Munch sich der Lithographie nicht bedient. Dagegen entstand im voraufgehenden Jahre schon eine Reihe meisterhafter Radierungen. Alle Bildgedanken, die ihn in dieser Zeit beschäftigten, fanden neue Formulierung. „Das kranke Mädchen" wurde noch einmal in einer großen Radierung gefaßt, der „Tag danach" kehrt wieder, die „Zwei Menschen", die schweigend dem Meere entgegenschreiten, die Dreigestalt des Weibes, und das Mädchen, das von unbestimmter Sehnsucht getrieben zwischen den Bäumen am Strande umherirrt.

Acht der schönsten dieser frühen Radierungen wurden, in einer Mappe vereinigt, von Meier-Graefe im Jahre 1896 herausgegeben. Es war die einzige aus einer Reihe geplanter Publikationen, die wirklich zustande kam. An eine größere Öffentlichkeit gelangte auch sie zu jener frühen Zeit kaum. Noch fünfzehn Jahre später befand sich beinahe die ganze Auflage in den Händen des Herausgebers, um, von einem Kunsthändler in den Handel gebracht, in kürzester Frist vergriffen zu werden. Die Blätter dieser Mappe bedeuteten mehr eine Auswahl als eine Folge. Es war eine zufällige Zusammenstellung, kein wohldurchdachter Plan nach des Künstlers Sinn. Vieles vom besten, das damals schon vorhanden war, blieb ausgeschlossen. Weder die „Stimme" fand Aufnahme noch der „Vampyr", nicht die radierte „Madonna"

Sommernacht (die Stimme). Radierung. 1895.

und „Die badenden Weiber". Gerade dieses Blatt wäre geeignet gewesen, auch in weiteren Kreisen für Munch zu werben, wie es die Absicht der Mappe war. Die Schönheit der zwei Mädchengestalten spricht unmittelbar zum Auge. Zart ist das Neigen der einen. Man ahnt nur die Bewegung der Hände, die aus dem Haar nach dem Bade das Wasser streifen. Frei steht die andere, die das Gewand fallen läßt. Sie blickt hinab in das Wasser, dessen durchsichtige Klarheit den Körper der Schwimmenden draußen in merkwürdiger Verkürzung sehen läßt. Gegen den dunklen Aquatintaton des tiefen Wassers, in dem nur die leichten Schaumlinien und die hellen Steine sich abzeichnen, stehen zur Rechten die sonnenbeschienenen Körper der zwei Mädchen und die strahlenden Klippen des Ufers. Es ist ein Bild reiner Zuständlichkeit. Aber wie allem, was für Munch Form wird, wohnt ihm der Charakter des Bleibenden inne. Es ist keine flüchtige Impression, wie viele sie vom Meeresgestade heimbrachten. Diese Frauen können nicht anders stehen als so. Ihre Linien sind zusammenempfunden mit der Schwingung des Ufers, mit den steigenden Formen der Klippen.

In ihrer Art sind gerade diese frühen Radierungen auch von den späteren Werken des Künstlers nicht wieder übertroffen worden. Alle Mittel spielen. Tiefes Sammetschwarz und zartes Grau feinster Nadelarbeiten ergeben einen Tonreichtum, der zumal in den ersten Drucken der Platten den köstlichsten Materialzauber enthüllt. Oftmals war Munch selbst rücksichtslos gegen diese intimsten Reize seiner Arbeiten, strich immer energischer zusammen, um die Gesamtwirkung zu steigern und seiner Vorstellung reineren, unmittelbaren Ausdruck zu geben. Darum besitzen frühe Zustände dieser Radierungen zuweilen Schönheiten, die später wieder verschwinden, die geopfert werden mußten, um der endgültigen Form zu weichen, wenn sie ein Aquatintaton deckt, der die großen, kontrastierenden Flächen schafft, die der Künstler will.

Es ist lehrreich, diesem Entstehungsprozeß zu folgen. Er zeigt das Bild eines ebenso logischen Werdens wie die Entwicklung der Motive selbst in der Folge ihrer Abwandlungen. Silhouetten werden klarer gestellt, Konturen verschärft, Gegensätze von hell und dunkel herausgearbeitet. Eine künstlerische Intelligenz ist am Werke, die mit klarem und scharfem Bewußtsein ihre Intentionen verwirklicht. Nirgends deutlicher als in diesen langsam,

Badende Mädchen. Radierung. 1895.

schichtenweis gearbeiteten Radierungen kommt das zur Erscheinung, und darum ist nichts besser als gerade das graphische Oeuvre geeignet, die Legende vom Fieber des Schaffenden zu zerstören. Die Konzeption aller Bildgedanken, die hier formuliert wurden, lag weit voraus. Nun arbeiten Hand und Verstand, da die Vision bereits zum anschaulichen Gebilde geworden ist.

Munch gehört nicht zu denen, für die das Werk mit seiner ersten Entstehung sich für immer aus der Seele des Schaffenden ablöst. Er ist das Gegenteil eines Improvisators, und von keinem Künstler unserer Zeit sah man weniger Skizzen als von ihm. Die Studie bedeutet ihm nichts. Sie ist Material, nicht Kunstwerk. Erst wenn sie Form geworden ist, wird die Konzeption ihm wahrhaft zum inneren Besitz. Nun wird sie weitergestaltet und umgebildet zum endgültigen Ausdruck einer Idee.

„Der Kuß" ist eines der Motive, die Munch innerlich verfolgten. Ein frühes Bild gab die eng verschlungene Gruppe der zwei Menschen, zur Seite gerückt im Halblicht des Zimmers, vor weit sich öffnendem Fenster. Es gehört mit den anderen Bildern zusammen, die einen Durchblick aus dem Dämmer des Innenraumes in das volle Licht geben, mit dem Mann am Fenster, durch das der Mondschein geistert, mit dem Mädchen im Hemd, das mit zögernder Hand den Vorhang zur Seite schiebt, die beide ebenfalls in frühen Radierungen wiederkehren. In dieser ersten Fassung war der Kuß noch das sekundäre Motiv. Die Radierung, die drei Jahre später entstand, rückt ihn in die Mitte. Noch bleibt das Fenster. Drüben ahnt man die Reihe der Häuser. Flüchtige Schatten vorübereilender Menschen tauchen auf. Dunkel gegen das Licht steht der Vorhang, zu beiden Seiten die Bildfläche rahmend. Groß, gewaltig beinahe, erhebt sich die Gruppe der zwei nackten Menschen, die im Kuß in eins versinken. Ernster und keuscher zugleich ist niemals die Liebesumarmung geschildert worden. Weich schmiegen sich die Körper ineinander. In einem großen Kontur, der in lebendiger Kurve steigt und wieder fällt, schließt sich die Gruppe. So kunstvoll greifen die Formen ineinander, daß alle scharfen Senkungen und Hebungen ausgeglichen werden. So sicher und überzeugend ist diese Gruppe gebaut, daß sie sich zum unabänderlichen Symbol erhebt. Das sind nicht mehr zwei Menschen, die sich küssen. Das ist der Kuß selbst, die reine Verkörperung eines Gefühles. Mit feinstem Takt ist die Durchbildung der Einzelform in ihren Grenzen

Kuß. Radierung. 1895

gehalten. Von einer Hand ist nicht mehr gegeben als der Umriß, der ihre Funktion im Zusammenhang des Ganzen deutet. Die Gesichter verschwinden fast. Es braucht nicht mehr als den einen Bogen, in dem die Linien von Hals und Kinn in eins zusammenfließen. Eine Schattengrube gibt den ganzen Ausdruck, sagt mehr von der Stimmung des Augenblicks, als die Züge des Gesichtes vermöchten. Zarter Ton modelliert die Körper. Feine Lichter geben leichte Plastik, während die Schatten sich in scheinbar ungeregelte

Kuß. Holzschnitt. 1897.

Strichlagen lösen, die ebenso die Dunkelheiten der Haare deuten. Kein reines Schwarz und kein reines Weiß steht in dem Blatte, das ganz in grauen Tönen modelliert ist und in dieser engen Skala ungeahnten Reichtum entfaltet.

So restlos diese schönste Fassung des Themas erscheint, Munch galt sie noch nicht als das letzte Wort. In Bildern wiederholte er das Motiv, und aus der Radierung übertrug er es in den Holzschnitt. Die Nacktheit selbst war ihm zu sehr Individualisierung. Verhüllende Kleider lassen nur mehr Hauptlinien einer Bewegung ahnen und decken die Formenfülle des Körpers mit gleichender Schicht. So bleibt nichts mehr als die eine große Silhouette der Gruppe und die Bogenlinie des Armes. Die Haare verschmelzen im Ton mit den Kleidern, nur die Gesichter, die zu einer Helligkeit zusammenfließen, die Hände, die als weiße Flecken in dem Schwarz stehen, bleiben übrig als kenntliche Form. In schwingende Kurven, die den Kontur der

Gruppe begleitend wiederholen, löst sich in der ersten Fassung der Hintergrund. Als große graue Fläche, die nur durch die natürliche Maserung der Holzplatte gegliedert ist, steht er in der zweiten um die beiden Menschen. Fast bis zur formelhaften Abstraktion ist die Darstellung getrieben. So könnte eine Hieroglyphenschrift das Zeichen „Kuß" bilden. Es zeigt, wie die Konzeption des Künstlers auf das Typische gerichtet ist. Aber es bedeutet zugleich ein Extrem, über das hinaus kein Weg mehr führt.

Als drohendes Zeichen stellt ein Zug ins Kunstgewerbliche sich ein. Der moderne Holzschnitt selbst enthielt diese Lockung. Er war entstanden im Kreise der Apostel des Materials, die dem Stoff, aus dem das Kunstwerk gestaltet ist, das Gesetz seiner Bildung ableiten wollten. Aber der Stoff enthält nur Möglichkeiten, keinen Zwang. Das Holz gibt die Möglichkeit der einheitlichen Durchbildung großer Flächen. Darum bot es sich der Intention des Künstlers zu gesteigerter Formensynthese. Aber Munch selbst ist selten nur bis zu der äußersten Grenze überhaupt möglicher Vereinfachung gegangen.

Munch kam zum Holzschnitt einige Jahre später als zu Radierung und Lithographie. Von nun an wurde das Holz eine Zeitlang sein bevorzugtes Ausdrucksmittel. Man sagt nicht zu viel, wenn man den neuen Holzschnittstil überhaupt Munchs eigenste Tat nennt. Wohl hat er die Technik von anderen erlernt. Gauguins seltsame Versuche gehen zeitlich voran. Vallottons Schwarz-Weiß-Schnitte waren Gegenstand allgemeiner Bewunderung. In Deutschland fand im Kreise der kunstgewerblich interessierten Maler die Technik des japanischen Farbendrucks eifrige Nachahmung. Aber Kunstwerke im Holzschnitt gestaltete Munch allein. Und obwohl er nicht zu den Theoretikern zählte, wurde er erfinderisch, gerade weil er sich nicht dem Material überließ, sondern umgekehrt ihm die Wirkungen abzwang, die er suchte. Er zersägte die Platte, um die Teile verschieden einzufärben. Er tönte selbst den Holzstock, um die Farben ineinander überzuführen. Er verlangte mehr vom Drucker, als der Handwerker zu leisten gewohnt war. Darum muß man von den frühen Holzschnitten die eigenen Handdrucke des Künstlers sehen oder Abzüge, die unter seiner Aufsicht hergestellt wurden, weil leicht sonst eine gefühllose Hand die gewollte Wirkung zerstört.

Im Holzschnitt steigert sich nun auch die Farbe zum Ausdruckssymbol.

Vampyr. Radierung. 1894.

Die gegenständliche Bedeutung kann zurückstehen, da überhaupt das Motiv auf seine Wesenslinien allein reduziert wird. Ein Mädchen küßt ein blutendes Herz. Um das Rot des Blutes zu steigern, färbt sich die Haut zu grünlichem Blau, während die Haare mit dem schwarzen Grunde zusammenfließen. Unheimlich steht das riesengroße Auge in dem Profil. Es ist naturfern, ist ganz Ausdruck. Und zusammen mit der einen Linie, die den Mund bezeichnet, mit dem schwingenden Kontur des Profils, gibt es die Stimmung eines tiefen Schmerzes, die der Künstler verbildlichen wollte, die ebenso in den zwei Farben, dem grellen Rot und dem blassen Grün auf dem Grunde des tiefen Schwarz widerklingt.

Das gleiche schmerztiefe Auge begegnet nochmals auf jenem Blatte, das Munch Melancholie nannte, und das zusammengeht mit den Bildern des Mannes am Meeresstrande, die zuerst „Eifersucht" hießen. Das Motiv ist in der neuen Fassung allgemeiner geworden. Die Stimmung der Schwermut läßt sich in Bildform verkörpern. Der individuelle Anlaß, der das Allgemeingefühl spezialisiert, kann nur durch die Assoziationen, die ein Begleitmotiv auslöst, gedeutet werden. Solche Verunreinigungen schwinden zusehends in der Entwicklung der Bildvorwürfe. Der Holzschnitt schließt das Profil in einer Linie fast zusammen. Die Schwermut des Menschen scheint in dieser Kurve zu leben wie in dem breiten Schatten der Augenhöhle. Eine andere „Melancholie", die Frau, die einsam auf einem Steine am Ufer hockt, wird zum Farbensymbol. Wie ein jäher Schrei schrillt das scharfe Rot. Alle Form wird verdeckt. Es bleibt nur der eine Arm, der den Kopf stützt.

Und nochmals diese großen, abgrundtiefen Augen im Kopfe der Frau, die vor dem Strande steht, dessen Linie in seltsam lebendigen Zacken sich ein- und ausbuchtet. Oder zwei Frauen, wiederum am Meere. Die alte sitzt, eine schwere Masse, die junge steht zur Seite und schaut in die Weite. Es sind dieselben Themen, die auch in Bildern abgewandelt wurden. Aber der Holzschnitt gibt sie in abermals gesteigerter Ausdruckskraft.

Erst später gesellen sich reine Landschaft und reines Porträt den seit langem formulierten Kompositionen, die allmählich ihrem endgültigen Ausdruck entgegenreiften waren. Die Wurzeln eines uralten Stammes kriechen weit über den Boden hin. Draußen über dem Meere senkt sich die Sonne zum Horizont. Ihr Widerschein steht einer Säule gleich auf dem Spiegel des Wassers. Auch dieses Bild der untergehenden Sonne war Munch fast zur Formel geworden. Es ist eines der Bildelemente, die an vielen Stellen wiederkehren. Hier steht es im Zentrum. Um die Säule schließt sich die Komposition.

An der einen Vertikalen messen sich die vielen horizontalen Strichlagen, in denen die Fläche des Meeres sich gliedert, und die geschwungenen Linien des Strandes und der Wurzeln des gefällten Stammes. Auch dieses Motiv war ursprünglich ein Bild. Daß es dem Künstler mehr bedeutete als eine Studie, beweist die Umsetzung in den Holzschnitt, in dem seine Formelemente allein sprechen.

So erhebt sich das Bild des alten Schiffers zur Höhe eines Typus. Auch dem Porträt gibt der Holzschnitt den Charakter des Überindividuellen. Die Züge sind gesteigert. Breite Schatten modellieren die Fläche. Unter der schweren Schwärze der lastenden Hutkrempe steht der helle Nasenrücken, als die große Senkrechte, die den Kopf in seine zwei Hälften gliedert. Schräg steigen die Falten zum Munde hernieder, dessen breite Bogenlinie die Basis der Horizontalen bildet. Das Halbrund des Gesichtes, das sich in das tiefe Schwarz der Schultern bettet, wiederholt sich oben in der mächtigen Form des Hutes.

Einen Namenlosen verewigte Munch in dieser monumentalen Form. Man denkt nicht an den Menschen, der ihm zum Modell diente. Ein Erlebnis wurde Gestalt. Das Individuum wächst zum Symbol der Gattung. Das war das Besondere, das Munch dem Holzschnitt abgewann, womit er die Wege wies, die viele nach ihm beschritten. Das Porträt im engeren Sinne vertraute er der Technik noch nicht. Wo er einen Kopf groß hinstellen wollte, bediente er sich der Lithographie. Die Radierung blieb die intimere Arbeit, für einen engeren Kreis bestimmt. Für Männer, die im öffentlichen Leben standen, Berühmtheiten, die der Welt gehörten, schien das weithin sprechende lithographische Porträt die rechte Form. Munch plante eine Folge solcher Köpfe, und er schuf rasch hintereinander im Jahre 1896 die Bildnisse Gunnar Heibergs, Hans Jägers, das leider zerstört wurde, Strindbergs, Obstfelders, Stephan Mallarmés. In späteren Jahren folgten andere, aber die Herausgabe einer Mappe unterblieb.

Wie in einem Zauberspiegel zeigt der Künstler die Persönlichkeit. Es ist begreiflich, daß nicht jeder diesen Blick ertrug, daß mancher, der sich plötzlich so im Bilde sah, entrüstet das Blatt zerriß. Die feuchten Lippen dieses Gunnar Heibergs sind geschwellt von Sinnlichkeit. Munchs Holger Drachmann ist nichts als ein eitler Geck. Die schönen Linien, die er ihm in das Gesicht

Holger Drachmann. Lithographie. 1901.

zeichnet, die breit fallende Krawatte und die Wolken, die hinter dem Kopfe emporsteigen, sind wie der hohle Klingklang eines schlechten Verses. Strindbergs Feuerkopf scheint in dem mächtigen Haarbusch aufzulodern, der sich über der hohen Stirn emportürmt. Obstfelders Antlitz steht wie hinter einem Schleier. Nur die tiefen Augen sprechen von einer zarten und scheuen Seele.

August Strindberg. Lithographie. 1896.

So leben diese Menschen weiter. So werden sie künftigen Zeiten lebendig bleiben. Die Wesenszüge ihrer äußeren Form sind in Linien gebannt, die kein mechanisches Abbild zu finden vermöchte. Die Photographie gibt eine andere und vergleichsweise unreine Form der Ähnlichkeit, denn sie hält ein Zufallsbild fest und betont das Untergeordnete nicht minder stark als die Hauptform.

Die Auswahl ist die eigentlich künstlerische Arbeit, die Ordnung der Teile zum geschlossenen und überzeugenden Bilde einer Persönlichkeit.

Die Lithographie ist die leichteste unter den graphischen Techniken. Sie ist am wenigsten Umsetzung, am unmittelbarsten Zeichnung. Sie hat darum nicht so ausgesprochenen Materialcharakter wie Radierung und Holzschnitt, ist dafür freier von den engenden Schranken stofflicher Gebundenheit. Zudem erlaubt sie die große Fernwirkung, die der Radierung nicht ansteht, und läßt doch eine Feinheit der Durchbildung zu, die das Messer im Holzstock nicht ohne Zwang hergibt.

So nimmt es nicht Wunder, daß eine große Anzahl alter wie neuer Bildgedanken gerade in der Lithographie nun auftaucht. Das „Sterbezimmer", das schon in der bildlichen Fassung fast rein auf eine Hell-Dunkel-Wirkung gestellt war, kehrt in einer Schwarz-Weiß-Umsetzung wieder, deren Großflächigkeit sie beinahe dem Holzschnitt nähert. Die „Nacht", das „Geschrei", das „Angstgefühl" begegnen ebenfalls. Daneben finden neue Eindrücke ihren ersten Niederschlag. Die Erinnerung an ein Tingeltangel der Berliner Friedrichstadt wird in einer großen Lithographie festgehalten. Der

Tingeltangel. Lithographie. 1895.

Besuch einer medizinischen Klinik wächst zu einem Erlebnis, das nicht in flüchtiger Skizze niedergeschrieben wird, sondern in einer wohlgebauten Komposition Gestalt gewinnt. Wie eine breite Pyramide erhebt sich die dunkle Gruppe des Mädchens und der drei Ärzte. Jeder Kopf schließt sich zu einer festen Form. Über ihnen steigt die zweite Reihe der hellen Gestalten, unvergeßlich die Gruppe des Arztes, der einer Patientin in den Hals blickt, wie von allen Gebärden nur die eine ausdruckgebende Kurve bleibt.

Daneben entstehen visionäre Bilder großer Köpfe. „Anziehung" heißt das eine. Zwei Menschen, die einander im Blick finden. Die Haare des Weibes schwingen wie ein Band hinüber zu dem Manne. Mit körniger Kreide ist das Blatt gezeichnet. Aus der weichen Materie tauchen die zwei großen Köpfe empor mit dem tiefen Blick der umschleierten Augen. „Loslösung" ist das andere benannt. Das zierliche Profil der Frau wendet sich ab, der Kopf des Mannes ist in dunkle Trauer gehüllt. Dieses zarte Frauenprofil, das fast ohne Formen modelliert ist, gehört zu den schönsten Zeichnungen von Munchs Hand. Wieder ist es das Geheimnis, daß der Kontur nicht ein- und wieder ausspringt, sondern in großer Kurve geschlossen bleibt, und daß die Rundungen des Kopfes in der schönen Schwingung des Meeresufers ihre Begleitung finden.

Es war Munchs Plan, diese Kompositionen zusammen mit älteren, die in der Lithographie neue Umprägung fanden, zu einer geschlossenen Folge zu vereinen, die in einer Mappe ausgegeben werden sollte. Ein Titelholzschnitt mit einem Männerkopf, der in das lange Haar einer Frau verstrickt ist, gab das Thema. Die Kompositionen folgten, die zur gleichen Zeit in Bildern neue Gestalt fanden. Der „Vampyr" und die „Sphinx", die Frau, die den Mann in ihrer Umarmung erstickt und sein Blut saugt, und die Dreigestalt des Weibes, die „Eifersucht" und die „Madonna".

Madonna bedeutet Munch das liebende Weib. Es ist der Augenblick der Empfängnis. Die christliche Kunst kennt das Symbol der Immakulata. Für Munch ist es nicht höchste Verzückung wie die in Wolken emporgehobenen Marien Murillos. Ihm ist es der Ausdruck schmerzvoller Lust in den verhüllten Augen, dem beschatteten Munde, dem schräg gelagerten Körper. Statt der singenden Engelscharen kauert ein zwerghafter Embryo im Winkel. Mit dieser erzählenden Beigabe und dem Rahmen des Blattes überschreitet

Madonna. Lithographie. 1895.

der Künstler die Grenze der Erfüllung des Bildhaften in seiner eigenen Gegebenheit. Er vertraut nicht ganz der sichtbaren Form und verdeutlicht den Inhalt der Darstellung durch gedankliche Symbole, die zugleich den rein anschaulichen Sinn auf eine enger gefaßte Formel festlegen. Denn gerade die

Vieldeutigkeit des Bildes ist das Besondere, das es von der literarischen Fassung unterscheidet. Ein Programm bindet an die individuelle Deutung und entrückt das Kunstwerk dem freien Erleben.

Wie das Selbstporträt die zwei weißen Streifen als Abschluß forderte, so brauchte der Strindbergkopf auf dem schwarzen Grunde einen belebten Rahmen als bildmäßige Ergänzung, und ebenso ergab sich aus der inneren Form des Madonnablattes das Bedürfnis nach äußerer Fassung. Trotzdem bleibt in allen diesen Rahmungen ein ungelöster Rest. Die Knochenhand unter dem Selbstporträt wie die nackte Frau im Strindbergrahmen und die Spermatozoen, die das „liebende Weib" umkreisen, sind inhaltliches Symbol, und zugleich ist die ornamentale Form der Rahmen nicht frei von einem Anklang an die dekorativen Tendenzen jener Zeit, die ein zum Scheltwort gewordener Name als „Jugendstil" bezeichnet. Das ist nicht allzu verwunderlich. Eher darf man anmerken, wie wenig von solchen Zeichen zeitlicher Gebundenheit in Munchs Schöpfungen aus jenen Jahren zu spüren ist. Nichts lag ihm ferner als der Zug ins Dekorative, der vielen anderen zum Verhängnis wurde. Mit unachtsamer Hand ist der Name über dem Selbstporträt geschrieben. Ein Teil der Buchstaben steht im Druck verkehrt. Als er Strindbergs Namen unter das Bild setzte, vergaß Munch das eine R, und das Ornament des Rahmens ist ein regelloses Zickzack, das erst wieder Form wird, wo eine Gestalt sich bildet.

Munch selbst hat allen diesen Rahmen das Urteil gesprochen, indem er sie später beseitigte, nicht so zum Vorteil der Komposition, die diese Ergänzung verlangte, als der Reinheit bildlichen Ausdrucks. Denn die kreisenden Linien, die einer Mandorla ähnlich die Gestalt des empfangenden Weibes umgeben, werden durch die Rechteckform der Bildgrenze zu scharf durchschnitten und fanden ein Echo in den Bogenlinien des Rahmens. Zugleich wiederholte Munch hier das Rot, das einem Heiligenscheine gleich hinter dem Kopf des Weibes aufflammt, und milderte es dadurch neben dem Schwarz und Blau seiner Umgebung.

Munch hat für viele seiner großen Lithographien an eine Bereicherung durch Farbenplatten gedacht. Oft blieb es nur bei Versuchen. Einzelne aquarellierte Exemplare geben Zeugnis davon. Er experimentierte mit kombinierten Verfahren. Der „Vampyr" wurde mit Holzplatten farbig überdruckt. Auch die zu jener Zeit in Paris viel geübte Farbenradierung machte er seinen Zwecken dienstbar. Er arbeitete Zinkplatten in Schabkunst und tönte sie zum Abdruck in blassen Farben. Wie ein leichter Schleier liegt es über diesen Blättern. Sie haben etwas Wirklichkeitfernes. Zarte Frauenakte bildete Munch in der neuen Technik. Die Stimmung einer müden Trauer webt in den Gestalten. Die Frau, die aufs Meer hinausblickt, wiederholte er in einer Farbenradierung, und er sparte den Mann, wollte in den schwimmenden Tönen die Melancholie der Einsamkeit nochmals sprechender zeichnen. Das Bild einer Badeanstalt wird zu einem seltsam süßen Akkord zager Farben und still in der Fläche schwingender Formen.

Es gibt nur wenige Drucke von diesen Platten, die mehr Monotypien ähneln als graphischen Arbeiten. Denn die radierten Formen geben nur das Gerüst. Jedesmal ist die Platte zum Abdruck neu gemalt. Vertraut der Künstler dem Drucker allein die Arbeit, so ist handwerkliche Vergröberung die notwendige Folge. Der Charakter des Druckes im strengen Sinne ist damit durchbrochen. Er will, daß der Künstler seine Platten so vollendet aus der Hand gibt, daß mechanische Geschicklichkeit genügt, wenn die Hand des Technikers die Vervielfältigung übernimmt. Nur der Druck von einer Mehrzahl von Platten kann Farbigkeit in diesem Sinne erzielen. Die Lithographie kam dieser Forderung am leichtesten entgegen.

Es ist erstaunlich, daß trotzdem die Zahl künstlerischer Farbendrucke in neuerer Zeit so verschwindend klein blieb gegenüber der gewaltigen Masse der handwerklichen Produktion, die sich in der Farbenlithographie aller Länder entfaltet. Als einer der wenigen hat Munch sich zur Arbeit mit mehreren Platten entschlossen, neben Toulouse-Lautrec hat eigentlich nur er ganz vollwertige Kunstwerke in der Technik geschaffen, während andere der Mithilfe gewerbsmäßiger Lithographen vertrauten oder selbst nicht viel höher standen als solche.

Munch hat den Kopf seines „kranken Mädchens" noch einmal in einer großen Farbenlithographie wiederholt. Wie hingehaucht steht das unendlich zarte Profil vor dem Grunde. Das Antlitz ist durchgeistigt, als sei es nicht mehr von dieser Welt. Das reine Schwarz-Weiß wäre zu hart für solchen Eindruck. Die gemalte Farbe hat zu sehr den Charakter der Materie. Ganz anders verwächst die Druckfarbe mit der Struktur des Papieres. Die Töne legen sich durchsichtig übereinander. Munch hat die vier Platten in zahlreichen Farbenvariationen drucken lassen. Vom ernsten Grau über ein schweres Blaurot zum zartesten Rosa wechseln die Tönungen. Immer wesenloser wird die Erscheinung des sterbenden Kindes, um in lichtestem Rot zu versinken, das einem kaum noch hörbaren Pianissimo höchster Geigentöne gleicht.

Alle technische Geschicklichkeit ist in einem solchen Blatte entfaltet. Man sollte an graphische Arbeiten dieser Art erinnern, wenn Munch Nachlässigkeit im Handwerk zum Vorwurf gemacht wird. Er ist imstande, Tropfen von Farbe sorglos fließen zu lassen, wo es für die Hauptwirkung des Gemäldes nicht von Belang ist. Er trägt in Handdrucken seiner Holzschnitte die Farbe absichtlich ungleichmäßig auf, und die Blätter gewinnen dadurch einen Grad von Lebendigkeit, den die maschinelle Gleichform der sauberen Handwerkerarbeit niemals erzielt. Und wiederum weiß er alle Feinheiten einer entwickelten Technik seinen Zwecken dienstbar zu machen. Es gibt kaum einen Maler sonst, der alle Formen graphischer Verfahren in gleicher Vollkommenheit beherrscht, der Radierung, Lithographie, Holzschnitt mit allen komplizierten Hilfsmitteln meistert wie Munch, und trotzdem niemals der Diener einer Technik wurde, sondern sie zwang, sich seinem künstlerischen Willen zu fügen.

Panther. Lithographie. 1911.

Selbstbildnis. Lithographie. 1909.

PERSÖNLICHKEIT UND ENTWICKLUNG

MINDEREN Begabungen erlischt um das vierzigste Lebensjahr die Zeugungskraft. Sie sehen ihre Kinder heranwachsen, aber die einst ihre Geschöpfe waren, sind nun selbständige Wesen und werden dem eigenen Erzeuger zu Tyrannen. Nur den Starken eignet die Kraft, sich in jedem Jahrzehnte zu verjüngen.

Sie machen sich frei von der eigenen Schöpfung. Sie ertragen nicht den Gedanken, ein Leben lang als Rentner selbstgeschaffenen Gutes zu zehren. Sie tun Erworbenes von sich und stellen ihre Sache von neuem auf die Kraft inneren Vermögens.

Der Schaffende vernichtet das eigene Werk. Diese stete Selbstzerstörung der künstlerischen Schöpfung ist im tiefsten Wesen der Kunst begründet. Wäre Kunst gleichbedeutend mit Handwerk, so vermöchte sie im Können allein sich zu erfüllen. Aber der Künstler unterscheidet sich vom Schreiner und Töpfer. Es ist nicht wahr, daß er ehemals nichts anderes gewesen sei als Meister einer Zunft. Der Betrieb in den Bauhütten des Mittelalters und den Werkstätten der Tafelmaler scheint solche Meinung zu stützen. Aber die Anfänge der Kunst lagen nicht hier. Kunst war zum Handwerk nur entartet, war äußeren Zwecken dienstbar geworden. Immer wußten die Meister, die wahrhaft Künstler waren, auch solche Schranken zu brechen.

Wahre Kunst ist Schöpfung. Sie kann zum Handwerk werden, und sie wurde es oft, wo sie nur mehr eine Fertigkeit war und überkommene Formen wiederholte. Handwerk schafft Nützlichkeitswerte. In deren höchster Vervollkommnung hat es jedes Ziel erreicht. War die Aufgabe der Kunst fest umschrieben, als historischer Bericht, als Denkmal der Kulthandlung, so konnte auch sie scheinbar ihrer letzten Bestimmung nahekommen. Ein ausgebildetes Formensystem, das wie eine Schrift mit ihren Zeichen vom Lehrer sich auf den Schüler vererbt, wird allen Forderungen gerecht, die der Auftraggeber dem Künstler stellt. Sein Bruch erscheint frevelhaftes Beginnen, da Zweckdienlichkeit höchstes Gesetz ist, jedes eigenwillige Sonderwesen die einfache Lesbarkeit mindert.

Überall, wo Kunst sich an einem Ziele glaubt, ist es ihr Schicksal, zum Handwerk zu werden. Die schöpferische Persönlichkeit aber muß neue Wege suchen. Durch sein Dasein allein verliert das Geschaffene den Charakter eines Ideals, das stets fern, stets unerreichbar verharrt. Weil Kunst Schöpfung ist, muß ihr das Prinzip der Entwicklung immanent sein. Das gilt für die Menschheit wie für das Individuum. Künstler im höchsten Sinne ist nur, wessen Werk keinem gleicht, das vor ihm gewesen ist. Künstler bleibt nur, wer immer aufs neue diese Kraft bewährt und durch jedes folgende Werk jedes voraufgegangene selbst verneint. Auch die Größten begannen als Schüler. Sie stehen in der Tradition ihrer Zeit, übernehmen von ihren Lehrern alles, was lernbar ist in der Kunst. Ihre Meisterschaft beginnt, wo die Hand frei geworden ist, das zu gestalten, was in ihrem Innern allein lebt, was keiner noch vor ihnen ahnte.

Weil Kunst nicht in einem Ziele sich vollendet, bedeutet jede Stufe ihrer Entwicklung eine absolute Höhe, gibt es kein Aufwärts, sondern nur ein ewiges Voran. Maß bleibt allein das eigene Wollen. Jede Zeit setzt sich selbst das Ideal und zerstört es wieder, indem sie es erreicht.

Der Künstler erschrickt vor der eigenen Vision, nachdem sie, zum ersten Male Gestalt geworden, real faßbar vor ihm steht. Er gehorcht einer inneren Stimme, schafft einer Welt zum Trotz, da er eine Form aus sich stellt, die nur er gesehen hat.

Eine materialistische Kunstanschauung erblickt in der vollkommensten Naturnachahmung das höchste Ziel aller Entwicklung. Sie denkt nicht daran, daß Imitation allein niemals der letzte Sinn bildender Kunst gewesen ist, und daß der jeweilige Grad der Naturnähe einer jeden Epoche vollkommen Genüge getan haben muß.

Die Ägypter wollten ihre Gestalten nicht anders, als sie sie bildeten. Den Griechen des sechsten Jahrhunderts war der Apoll von Tenea ein Kunstwerk von absoluter Geltung, so gut wie irgend einer Zeit ihre Schöpfung. Künstlerisches Wollen ist gleichbedeutend mit künstlerischem Sehen. Des Menschen Wille langt nicht über den Bereich seines Vorstellens hinaus. Erst mit dem Erwachen des historischen Sinnes wird dem künstlerischen Wollen die Möglichkeit bewußter Wahl. Giotto realisierte seine Vorstellung der Sichtbarkeit in gleicher Vollkommenheit wie Michelangelo die seine. Die eine Form steht nicht an sich höher als die andere. Die vollkommenere Beherrschung der Natur im Werke des Späteren ist keineswegs ein Argument.

Kunst ruht auf Können. Aber auch Geschicklichkeit kann zu einer Gefahr werden. Gauguin hat einmal gesagt, er wolle mit der linken Hand arbeiten, wenn er spüre, daß seine Rechte zu geschickt geworden sei. Das Wort ist ein sinnreiches Paradox. So klug es ist, spricht es nicht für den Künstler, der es formulierte. Es bezeichnet ein Schicksal unserer Zeit, der das Wissen um die Historie und die Angst um stündliche Entwicklung zum Verhängnis wurde. Bewußte Absicht schafft keinen Weg. Gewollte Ungeschicklichkeit ist um nichts besser als erlernte Geschicklichkeit. Neues Ziel muß neuen Ausdruck schaffen, künstlich geformte Sprache schafft nicht neue Kunst.

Der Impressionismus war eine notwendige Form. Er gab einer neuen Menschheit neue Kunst. Da er sich selbst am Ziele glaubte, war er innerlich überwunden. Andere Ideale tauchten empor, Grünewald und Greco, Poussin und die Kunst der primitiven Völker wurden entdeckt. Aber die Ziele, die man sah, ließen sich nicht durch Nachahmung alter Form realisieren. Es galt, auf der Grundlage eigener Tradition sich ihnen zu nähern. „Poussin refait entièrement sur nature" sagte Cézanne. Was er unter Natur verstand, war die Naturwiedergabe seiner Zeit. Der Genießende vermag Poussins Form rein aufzunehmen. Der Schaffende muß sie umprägen. Der neue Dramatiker kann Racine höher verehren als Ibsen. Aber er überwindet Ibsen nur, indem er ihn ganz sich zu eigen macht.

So lag der Fall für Munch, als das Bewußtsein seiner Bestimmung ihn zwang, Abschied zu nehmen vom Impressionismus, dessen Technik ihm scheinbar alles gegeben hatte, was sie an für ihn brauchbarem Material enthielt. Sie allein konnte ihm trotzdem noch einmal zum Quell neuer Befruchtung werden, als eine andere Phase seines Schaffens sich vorbereitete. Das Material seines Erlebens war formuliert. Munch hatte sich selbst den Kanon geschaffen, der jeder neuen Bilderfindung diente. Immer reiner stellte sich das Wesentliche heraus. Wiederholungen bedeuten stets zugleich eine Verarbeitung des formalen Themas. Aber die Reinheit birgt die Gefahr der Abstraktion und der Leere. Das neue Lebensalter bringt andere Aufgaben und andere Probleme.

Gauguins Satz bewahrheitet sich an der Lebensgeschichte jedes bedeutenden Künstlers, ohne daß er im Bewußtsein sich formulierte. Erworbene Routine fällt ab wie die Schlacken überwundener Zeit. Das Individuum erneut sich, und nicht in der Wiederholung des einstmals Erworbenen, sondern in der Erhaltung dieser Kraft einer steten Wiedergeburt erweist sich die Lebensfähigkeit der künstlerischen Persönlichkeit, die in schwächeren Individuen nach kurzer Frist schon dem Tode verfällt. Die meisten werden Handwerker ihrer eigenen Kunst. Die Zeit einer ersten Jugend bringt einen Rausch schöpferischer Kraft. Bald ist der Quell versiegt. Rascher Erfolg gibt den Werken Kurs auf dem Markte. Ein Bedürfnis entsteht, das der Künstler selbst zeit seines Lebens zu befriedigen sich bemüht, zum willigen Diener eines kaufkräftigen Publikums erniedrigt.

Munch war nicht in dieser Gefahr. Es gab noch kein Publikum, das seine Werke begehrte. Aber ein Freundeskreis war um ihn, der von ihm die Gaben erwartete, an die er selbst ihn gewöhnt hatte, der ein Recht auf seinen Munch zu haben glaubte. Ihnen mußte er als Abtrünniger erscheinen, da er seinem Wege folgte. Sie ahnten nicht, wohin er führte. Der Künstler selbst vertraut sich dem Ungewissen. Er verläßt seine Bahn. Er gleicht einem Nachtwandler, der sicher geht, ohne sein Ziel zu kennen. Er überläßt sich inneren Kräften, die ihn leiten, um ihn von Werk zu Werk emporzuführen.

Tiger. Lithographie. 1909.

Pfadfinder. 1910—1911.
Aus den Entwürfen für die Universitätsbilder.

Enten. Lithographie. 1910.

DIE NEUE SCHAFFENSZEIT

DER Historiker, der noch in dem blinden Walten des Zufalls das Gesetz zu finden trachtet, spricht gern von dem Schicksal Jungverstorbener, deren Los nach kurzem, glänzendem Anstieg rasch sich erfüllt. Manchen bewahrte jäher Tod vor dem Verflachen in eigener Manier. Doch ahnt niemand, welche neue Fülle mit einem Großen hinging, den die Stunde zu früh abrief, da nur die ersten Blüten entfaltet waren, und ehe noch schlummernde Keime sich entwickeln durften. Tizian, Rembrandt leben in der Erinnerung der Menschen als Mann, als Greis. Giorgione erscheint als der Jüngling, da sein Leben kurz war, und seine Kunst in der ersten Blüte starb. Von den meisten aber, die lebten und schufen, blieb nur die Vorstellung einer Handschrift, einer persönlichen Art, die sich gleich erhält durch ein Leben, dessen Dauer ohne tiefere Bedeutung ist.

Der Geschichtsschreiber würde in Renoir den Geist der Jugend feiern, wäre ihm nicht vom Schicksal biblisches Alter beschieden. In dem Anstieg zur Reife des Mannes, zur Größe des Greises bewährt sich erst in Wahrheit der edle Stamm des Menschen. Nicht viele unter den Künstlern unserer Zeit vermochten gleich ihm ein langes Leben wahrhaft zu erfüllen. Manchem ward frühes Sterben zum Heile. Manche überlebten ihr eigenes Talent. Munch gehört zu der kleinen Zahl derer, die nicht nur einen Weg fanden, sondern auch über sich selbst hinauswuchsen, da sie vom Jüngling zum Manne reiften.

Der Grundzug des Selbstbekenntnisses gibt Munchs früher Kunst den Charakter jugendlicher Leistung. Der Jüngling ist egozentrisch orientiert. Alle äußere Erscheinung sieht er im Hinblick auf das eigene Dasein, erlebt die Welt als Erfüllung seines Ich. Seine Lebensangst spiegelt sich in allen Wesen um ihn, seine Liebesqual fühlt er in den Menschen, die ihn umgeben, wieder. Der Mann sieht die Welt mit helleren Augen. In ihm wird es klarer, um ihn reiner. Manche Abgründe scheinen ihm nur mehr Lachen trüben Gewässers. Dagegen lernt er, durchsichtigen Tiefen bis auf den Grund zu schauen.

Solcher Wandel vollzieht sich nicht von heut auf morgen. Langsam bereitet der Sommer sich vor, und auch nach der Sonnenwendnacht gibt es noch Stürme und kalte Stunden. Munch tat nicht seine Vergangenheit von sich wie ein Kleid. Die letzten Formulierungen der alten Bildgedanken vollzogen sich in einer Zeit, da schon die neuen Probleme ihn vollauf beschäftigten. Und er selbst hat gewiß am wenigsten dieses Neue als einen Bruch mit dem Früheren empfunden, ehe es fertig vor ihm stand, ehe aus Studien und Versuchen wiederum Werke sich kristallisierten.

Technische Sorgen mögen den ersten Anlaß zu neuen Experimenten gegeben haben. Munch mußte fühlen, daß seiner Kunst Verarmung drohte, in dem Maße wie reiner die Bildformel sich abstrahierte. Bildideen, die im Anfang gesättigt waren von Naturanschauung, näherten sich immer mehr typischem Formengerüst, je weiter sie zum Ausdruck einer Idee in ihrer letzten Reinheit sich gestalteten. Mit einem harten und übertreibenden Worte zu sprechen, das Plakat war die Gefahr dieser Kunst. Die großen Linien, die reinen Flächen ungebrochener Farben ergaben sich in der

Amor und Psyche. 1909.　　　Photo Gurlitt.

Konsequenz eines Zieles, das Munch von früh an vorschwebte. Aber sein Format war erfüllt. Es ließ sich nicht mehr steigern, ohne an Intensität einzubüßen, und wo er in die Breite ging, drohte er ins Leere zu geraten.

Als Munch die Gefahr erkannte, waren die anderen noch kaum so weit, den Sinn seiner ersten Formgebung zu verstehen. Man warf ihm vor, daß er seine Farben zu sehr mit Terpentin verflüssige, daß er nicht pastos genug arbeite, zu flächig male. Als dann die Jüngeren auf ähnlichen Wegen zu ähnlichen Mitteln gelangten, begannen sie, Munchs ältere Werke mit hohen

Worten zu preisen, und zugleich wurde er nun der Abtrünnigkeit beschuldigt, weil seine Kunst wieder „impressionistisch" geworden sei, weil er — mit anderen Worten — die Fläche wieder zerlegte und mit pastosen Farben zu malen begann. Heut, da ein neues Ziel erreicht ist, fällt es nicht schwer, den Vorgang zu begreifen. Zu seiner Zeit glich er einem Wege ins Ungewisse, und man versteht es, daß alte Freunde zweifelnd nach dem Sinn solchen Beginnens fragten.

Munch hatte in seiner Jugend Bilder in der pointillierenden Technik der Neoimpressionisten gemalt. Jetzt griff er auf ihre Malweise zurück. Nicht daß er unmittelbar an alte Studien angeknüpft hätte, aber die Erinnerung der einstigen Übung gab den neuen Versuchen die Grundlage. Er zerlegte die Farbe in breite Flecken und Streifen. Er erreichte die Einheitlichkeit, die ihm bisher die große, ungebrochene Fläche gewährleistet hatte, dadurch, daß er die Töne eines farbigen Grundakkordes einem Netz gleich das Bild überziehen ließ. Das Jahr 1907 ist reich an Arbeiten solcher Art. Es sind Studienbilder. Sie haben ihre eigene Schönheit, aber ihr besonderer Sinn ist eine neue Auseinandersetzung des Künstlers mit der Wirklichkeit. Darum dienen als Motiv gestellte Aktmodelle, und darum bleiben die etwas absichtlich gewählten Namen äußerliche Beigabe, ganz im Gegensatz zu der Bezeichnung anderer Werke Munchs, deren seelischer Gehalt die Formulierung nicht nur in einer, sondern zumeist in einer Reihe möglicher Unterschriften notwendig fordert. Amor und Psyche, Marats Tod sind solche Namen. Ein anderes Bild, das „Trost" heißt, wandelt ein altes Thema am Modell nochmals ab, ganz gegen die sonstige Gewohnheit Munchs, der in neuen Formulierungen immer weiter sich vom Modellhaften des ersten Erlebnisses zu entfernen pflegte.

Das Bild, das „Marats Tod" heißt, zeigt eine weibliche Aktfigur vor einem liegenden Manne, dem Leichnam des Gemordeten. Selten hat Munch mit weniger innerer Anteilnahme am Vorgang ein Geschehen gestaltet, obwohl eigene Erinnerungen sich dem Ereignis verknüpften. Das Bild, das „Amor und Psyche" genannt wird, stellt einen männlichen und einen weiblichen Akt in Dreiviertelansicht dar. Beide neigen sich zueinander, aber die Verbindung bleibt nur lose. Der Sinn des Bildes erfüllt sich allein in seiner farbigen Erscheinung. Aus drei Tönen im wesentlichen, aus Rot, Gelb und

Blau ist der koloristische Akkord gewonnen. Ins Lichte abgewandelt bilden die gleichen Farben den Körper der Frau, der in Rosa, Hellgelb und zartem Blau modelliert ist. Im Schatten steht der Rücken des Mannes, in dem das Rot düster wird, das Gelb stark, und das Blau zu Violett und Grün sich verfinstert. Wie in einem streifenden Regen fließen die Farben über das Bild hin. Die gleiche Materie bildet die Gestalten und den Hintergrund, der aus einem weißlichen Hauptton zur Linken des Mannes in Blau sich verfärbt, zur Rechten der Frau die rosa, hellblauen, gelblichen und zartgrünen Töne aufnimmt, die den Perlmutterglanz ihrer Haut bilden.

Das technische Problem liegt klar auf der Hand. Die Bildfläche sollte nicht zerstört, und doch die Fülle der Erscheinung nicht preisgegeben werden, die Farbe allen Reichtum der Palette wahren, aber nicht in die Buntheit eines beziehungslosen Nebeneinander verfallen.

Das Experiment dieser Bilder hat Munch den künftigen Weg geebnet. Nach tastendem Beginnen öffnet sich wieder freie Bahn. Wer saubere Rubriken liebt, mag mit diesem Einschnitt nochmals das Jahrzehnt von 1902 bis 1912 in zwei gleiche Hälften zerlegen. Soviel ist richtig, daß das erste Jahrfünft wiederum als eine Zeit der Vorbereitung erscheint, das zweite die Erfüllung und Entfaltung bringt.

Die Auseinandersetzung mit einer fremden Natur war das erste Anzeichen einer neuen Phase in Munchs Schaffen. Seit mehr als einem Jahrzehnt hatte er viel in der Fremde gelebt. Aber bis auf die Studien seiner frühesten Lehrzeit war er als Landschafter stets der Heimat treu geblieben. Der Kristianiafjord gab die Motive seiner Bilder. Dorthin kehrte er oft zurück, um sich in die Farben und Formen der Natur zu versenken. Erinnerungen von dort gewannen Gestalt auch in den Kompositionen, die in der Fremde entstanden. Nun öffneten sich die Augen einer neuen Welt. Die Beziehungen zu Dr. Linde führten Munch nach Lübeck. Er lebte längere Zeit in dem nahen Warnemünde. Freunden folgte er nach Weimar, und in Thüringen erschloß sich ihm wieder eine andere Landschaft. Die düstere Schweigsamkeit einer melancholischen Jugend hatte sich dem Künstler in den Linien des norwegischen Strandes verkörpert, der mit den Erinnerungen seiner Kindheit verwachsen war. Die Tatenlust des Mannes, der sich im Vollbesitz aller Kräfte fühlt, ward ihm in der neuen Landschaft, die er sah, zum überraschenden Erlebnis.

Tauwetter. 1906. Photo Gurlitt.

Im nordischen Walde schien ihm der Winterschnee wie ein grausames Leichentuch, unter dem die Natur im Todesschlaf erstarrt. In der Nähe von Weimar sah er die Felder im Schnee, der unter den Strahlen der ersten Sonne schmilzt. In klaren Schiebungen schichten sich nun die Formen, die in jenem Walde unheimlich drohend gleich gespenstischen Schatten sich voreinander türmten. Das nächtliche Düster weicht hellem Lichte des Tages. In schöner Farbigkeit schmelzen beinahe süß die Töne vom Weiß in lichtes Gelb und in rotviolette und blaue Schatten. Der Akkord des Rot-Gelb-Blau bereitet sich vor. Aber noch stehen die Farben als Kontraste, die in der Auflösung des folgenden Jahres zu neuer Bindung gebrochen wurden.

Um Lübeck werden die weiten Flächen des ebenen Landes zum Bildthema. Das rote Dach eines einsamen Hauses leuchtet in der Ferne. Aber man soll nicht die Verlassenheit empfinden wie in jenem anderen Hause, das trotzig verschoben sich in die Fläche baute. Die Weite wird zur Freiheit, die Einsamkeit ein stolzes Fürsichsein. Das eine Haus beherrscht die Fläche des Bildes, das man unwillkürlich nach ihm benennt. Die Farben sind nicht mehr stumpf und gebrochen wie in dem anderen Hause, das von buntem Laub umsponnen war, sie leuchten klar und schön. Dem starken Rot antwortet im Vordergrunde ein reines Grün, und in lichten Tönen schimmert der abendliche Himmel über den hoch zum Horizont sich dehnenden Feldern.

Immer weniger gibt nun das Motiv. Stärker spricht die gestaltende Kraft. Wo früher ein Zwang spürbar war, wie in jener bergigen Insel, die gespenstisch aus dem Wasser des Fjordes emportauchte, da formt jetzt scheinbar spielende Selbstverständlichkeit ein einfaches Stück Natur zum Bilde. So wird ein Blick in den Lübecker Hafen mit einem Frachtdampfer zum unvergeßlichen Erlebnis. Klar baut sich die Architektur des Bildes. Eine Pyramide, deren Schrägen genau in den Bildwinkeln einsetzen, lagert sich über dem unteren Rande und gibt der Komposition die sichere Basis. Kühner ist niemals dem raschen Abstieg der Bildebene zum Beschauer hinab Halt geboten worden, energischer kaum sonst der Blick in die Tiefe geführt, ohne doch mit verdächtigen perspektivischen Kunststücken die Bildfläche zu zerstören. Das Dach eines niedrigen Schuppens stößt vorn in das Bild. In voller Breite lagert sich quer der große Dampfer, und wieder in einfacher Horizontale steigt über ihm das Ufer empor. In fast regelmäßigen Streifen schichten sich die Farben. Unter dem hellen Himmel erstreckt sich das Grün der Vegetation, darunter das tiefe Blaugrau des Wassers. Das lichte Grau und nochmals Grün eines Uferkais folgen. Das energische Schwarz und Rot des Dampfers schließt sich an, dem in dem blauweißen Wasser ein reingrünes Spiegelbild antwortet. Ein rotes Haus, zwei grüne Bäume unterbrechen die Einförmigkeit des Systems. Mit Blaurot setzt unten in dem Dache die farbige Komposition ein, um in wechselndem Grün und Rot anzusteigen. Ein Kajütenverschlag auf dem Dampfer und ein energischer Fleck vor seinem Kiel geben das Gelb, das der farbige Akkord notwendig verlangt. Der Fleck ist gegenständlich nicht leicht zu deuten. Möglich, daß ein Boot den äußeren Anlaß gab. In der künstlerischen Ökonomie ist er so sicher begründet, daß die Frage nach der materiellen Bedeutung rasch verstummt.

Mit diesem Bilde zeigte Munch zum ersten Male ganz klar, was er nun unter Landschaftsmalerei verstand. Die Erregtheit van Goghscher Naturdarstellung erscheint wie dekorative Formel und gedankliche Interpretation neben der schlagenden Wucht dieser einfachen Größe der Anschauung. Man findet für den Stimmungswert von van Goghs Landschaften mit Leichtigkeit immer das umschreibende Wort, wie Munchs eigene frühere Bilder vom Kristianiafjord zur Interpretation ihres Gefühlsgehaltes reizten. Die Formel der neuen Landschaft sucht man vergebens. Ihr Sinn ist rein anschaulicher Art und als Realisierung eines Augenerlebnisses nur sehend wieder zu erfüllen. Der klare Bau, die reine Farbe sind nur die artistischen Elemente, die andere später zu formelhafter Abstraktion erhoben. Die gewaltige Anspannung eines Schöpfungsaktes, in dem ein Stück gemeiner Wirklichkeit sich zu diesem Kunstwerk verdichtete, um in ihm die sichere Form der Notwendigkeit zu gewinnen, macht die Größe des Werkes.

Der Mann, der diese Landschaft sah, war ein anderer, als der die düsteren Fjorde seiner Heimat gestaltete. Eine freie und reife Künstlerschaft spricht aus dem Bilde. Der Mensch unterliegt nicht mehr der Natur, die ihm ein Alp wird, von dem er sich mühsam befreit. Er ist ihr Herr geworden, da er es wagte, ihr fest und kühn ins Antlitz zu schauen.

Mit dieser neuen Einstellung gegenüber der Umwelt selbst wandelt sich auch im Bilde das Verhältnis des Menschen zur Landschaft. Ehemals war er zu Boden gedrückt. Er war verloren und verängstet in der Größe einer Natur, die er nicht erfüllte. Jetzt reckt er sich empor. Seine Gestalt wird zum Inbegriff lebendigen Daseins. Als vegetatives Wesen wächst der Mensch. Die dumpfen Regungen unbewußten Innenlebens treten zurück. Der Körper, vordem beinahe ausgeschaltet, gelangt jetzt zu seinem Rechte. Die bloße Tatsache der Existenz rechtfertigt das Dasein des Menschen, der nicht mehr die bange Frage nach dem Sinn des Lebens stellt, der es frei von Zweifeln bejaht.

Ohne Hüllen steht der Mensch in der Natur. Früher verbarg Munch die Gestalt unter Kleidern, die vom Körper nicht mehr als den Rhythmus einer Empfindung ahnen ließen. Der Künstler selbst inkarnierte sich in jedem Wesen, das er schuf. Jetzt stellt er seine Geschöpfe frei hin. Sie sind nicht mehr an das individuelle Erlebnis seiner Seele gebunden. Ihre Existenz löst sich von den Bedingtheiten des Künstlers, der nun das Dasein schauend erlebt.

Hafen von Lübeck. 1907.

Badende Männer (1907—1909). Zweite Fassung 1914.

Er bildet den Mann und den Jüngling und den Greis. Es ist charakteristisch, daß der weibliche Akt in diesen Schöpfungen zunächst ganz fehlt. Auch die sexuelle Beziehung scheidet aus. Männer, die baden, sind das Thema.

Anders als früher wächst dieser Stoff dem Künstler zu einem Triptychon des Lebens. Keine Seelenzustände werden gedeutet. Das Schreiten, das Stehen allein wird zum Bildinhalt. Ein großes Mittelbild verlangt formale Ergänzung durch rahmende Seitenstücke, deren inhaltliche Beziehung in der Gegenüberstellung von Jugend und Alter nur äußerlich das Werk zu einer Darstellung der Lebensstufen abrundet.

Am Strande von Warnemünde hat Munch die Studien zu dem Werke betrieben. Er hat nach Modellen gezeichnet und Bewegungen beobachtet, bis er die Form fand, die der Summe seiner Vorstellungen den stärksten Ausdruck gab. Den ersten Blick schreckt beinahe das Schreiten der zwei Männer, die vom Meere dem Beschauer entgegenkommen. Noch nie sah man diese breitgestellten Beine. Bis man sie versteht und begreift, daß sie nicht anders sein konnten. Die Männer sollten gerade daherkommen, in der reinen Frontstellung, die alle Zufälligkeiten diagonaler Schiebungen meidet. Heftige Verkürzungen wären der beabsichtigten Wirkung entgegen gewesen. So ergab sich die Übergangsstellung des seitlich abgespreizten

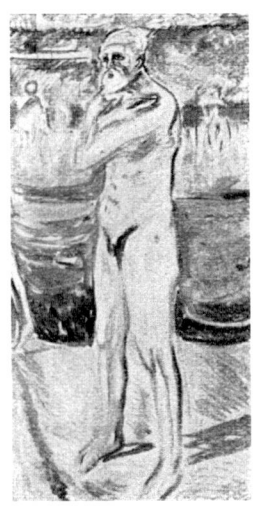
Beines, das zugleich dem Körper die Sicherheit einer breiten Basis gibt. Um diese beiden Männer kristallisierte sich die Komposition. Sie rückten ein wenig aus der Mitte, um die Starre der reinen Zentralordnung zu umgehen. Um die Haltung wiederzugewinnen, ergab sich als notwendig die Begleitung durch die rahmenden Säulen zweier aufrecht stehender Gestalten, denen eigene, schmale Flügelfelder gegeben wurden. Den starken Vertikalen der Körper halten die durchgehenden Horizontalen, in denen Himmel und Strand und die von den Wellen der Brandung durchzogene Fläche des Meeres sich gliedern, die Wage. Die Klarheit der zwei Hauptrichtungen gibt der Komposition die monumentale Größe. Farbig bildet der Kontrast der gelben Körper und des blauen Meeres die Grundnote. Die roten Schattenreflexe der nackten Haut vervollständigen den Dreiklang, und in dem Meere bilden sich grüne Streifen, die dem Rot das Gegengewicht halten, während violette Töne an vielen Stellen, in den Schatten der Körper wie in den Schaumwellen des Wassers, das Bild durchziehen.

Es ist die gleiche Palette, die der Lübecker Landschaft diente. Die Experimente der farbig aufgelösten Berliner Aktstudien gingen voran. Nun sind die ersten Resultate gewonnen. Seit langem wieder ist das ganz große Format bewältigt. Der Weg war der rechte gewesen. Die Bahn zu einer neuen Monumentalform war geschaffen.

In zwei deutlich geschiedenen Richtungen hatte Munch mit seinen alten Kompositionen schon im gleichen Sinne experimentiert, um sie ins Freskenhafte zu steigern. Versuchsreihen intensiven und extensiven Charakters lassen sich voneinander scheiden. Das Brückenmotiv, das zuerst im Jahre 1889 seine Form gewann, kehrt nach 1905 in einer Variante wieder, die alle alten Konturen beinahe einhält, die Farbflächen aber zu höchster Intensität und Geschlossenheit steigert. Hier war eine Grenze, über die kein Weg hinausführte. Aber schon fünf Jahre zuvor beginnen die Versuche, durch Veränderung der Gruppe und Steigerung des Figurenmaßstabes das Motiv in ein anderes Format zu zwingen. Die Geschlossenheit geht verloren. Landschaft

Auf der Brücke. 1901.

und Mädchen wuchsen in der alten Komposition restloser zusammen. Nun steht eine große Frau porträthaft vorn im Bilde, blickt fragend heraus. Sie wird so sehr Hauptinhalt, daß alles übrige zur Begleitung herabsinkt, und auch farbig beherrscht das Hellblau ihres Kleides als bestimmender Ton das Bild, ohne eine befriedigende Lösung in der Gesamtharmonie zu finden. Die Häusergruppe ist wie im Spiegelbilde verdoppelt, um die größere Breite zu füllen. Aber die Intensität der alten Landschaftskomposition ist verloren. Die Steigerung des Formates ist lediglich durch extensive Mittel erreicht.

Die alten Kompositionen waren ausgeschöpft. Der Künstler mußte entschiedener neu beginnen, um seinen Weg zu finden. Die andere Technik gab die äußere Möglichkeit, die neue Anschauung der Natur bezeichnet den inneren Wandel, der die Rechtfertigung des Beginnens gewährleistet. Freier sieht Munch die Umwelt. Er drückt sie nicht in die Enge eigener Stimmung. Offenen Auges erblickt er die Erscheinung des Menschen. Das Psychische gleicht nicht mehr einem Stempel, der sich der Stirn aufzeichnet. Es wächst mit klarer Selbstverständlichkeit in dem äußeren Bilde des Menschen.

Langsam wandelt sich die Porträtauffassung des Malers im Sinne seiner neuen Kunst. Äußerliche Veränderungen wirken mit. Nicht mehr nur altvertraute Freunde sitzen ihm auf sein Bitten gelegentlich zum Bildnis. Aufträge Fremder treten an ihn heran. Munch ist sich bewußt, was man von ihm erwartet. Er gibt sich nicht preis. Aber er bemüht sich, auf die neue Aufgabe einzugehen. Nicht immer trug ernstes Wollen als Lohn den Beifall der Auftraggeber ein. Nicht selten wurden Porträts zurückgewiesen oder bei Seite gestellt, um erst nach Jahren gebührende Würdigung zu finden.

Die nachträgliche Analyse der künstlerischen Entwicklung kann das Jahr 1902 ganz allgemein als Grenze setzen. Aber die Scheidung darf nicht in aller Schärfe für bindend genommen werden. Man darf nicht denken, daß, dem Künstler selbst bewußt, eine neue Epoche eingesetzt hätte. Noch das Jahr 1906 bringt ein Selbstporträt als reines Stimmungsbild, das Gegenstück der Melancholie von 1898 und dieser in der Konzeption weit näher als den farbigen Experimenten des folgenden Jahres, die erst den eigentlich entscheidenden Umschwung herbeiführten. Munchs Kunst der Flächenteilung durch Raumdiagonalen gibt diesem Bilde die eigenartige Stimmung. Die Tischreihen eines kahlen Gasthauszimmers werden zu zwei Schrägen, die von unten aufsteigend die Gestalt des Sitzenden in engem Flächenbann rahmen. Die heftige Verkürzung soll hier so wenig ein perspektivisches Kunststück bedeuten wie in den Brückengeländern der Bilder aus Aasgaarstrand oder dem Dach der Lübecker Hafenlandschaft. Das Bild will keinen Hohlraum vortäuschen. Es bleibt Fläche. Darum ist der Kontur der sitzenden Gestalt der rechten Schräglinie parallel geführt, findet mit der Stuhllehne zusammen in der linken Tischreihe die festigende Begleitung. Das sichere Gefühl für kompositionelle Notwendigkeit schafft die Horizontalen in den Teilungen der Tische und die entscheidenden Vertikalkontraste in der Flasche und den Gestalten der beiden Kellner. Durch solche scheinbar zufällige Rahmung erst wirkt der Körper des Sitzenden mit seiner Schräglinie so

Selbstbildnis. 1906.

zusammengesunken, wird zugleich dem gerade aufgerichteten Kopfe die Freiheit der Haltung genommen. Er scheint eingeklemmt zwischen die Tischreihen, deren eine ihn beinahe schmerzhaft stößt, und er kommt nicht auf gegen die energisch betonten Vertikalen des Bildes. So löst sich das Porträthafte in der Stimmung. Auch farbig ist das Bild so sehr als Ganzes gesehen, daß die Gestalt für den Eindruck zurückgedrängt wird, um nur als Teil der Gesamtkomposition zu bestehen. Dem Grün des Anzugs antwortet das Grün der Wand, das nur in der Mitte, wo der Kopf steht, durch einen roten Fleck unterbrochen wird, und diesem entspricht das starke Rot der Krawatte, das dem Bilde die entscheidende Note gibt. Gelb taucht im Lichte der Fensterlaibungen auf und in einem Fleck zur Linken, Blau in dem Weiß der Tischtücher. Alle Farben sind gedämpft, um sich der Gesamtstimmung einer melancholischen Einsamkeit unterzuordnen.

Albert Kollmann. 1901. Photo Gurlitt.

Die Einstellung des Porträts in eine natürliche Umgebung, die schon die großen Brückenbilder versuchten, ist hier erst vollkommen gelöst. Aber die eigentliche Aufgabe des Porträts faßte Munch im Gegensatz zu solchen Experimenten, für die ihm die eigene Gestalt diente, rein als Darstellung der Persönlichkeit. Der Hang zu typisierendem Verallgemeinern, der die Bildnisse der vorangehenden Jahre charakterisierte, weicht, wie in der Landschaftsdarstellung, passivem Sichversenken in die natürliche Gegebenheit.

Albert Kollmann und Sten Drevsen. 1901. Photo Gurlitt.

Ein Bildnis Albert Kollmanns ist von beinahe schreckhafter Modellähnlichkeit. Klar und geschlossen baut sich die Komposition. In elementarer Einfachheit steht die Halbfigur im Bilde, legt sich rein frontal der Kopf in seine gleichen Hälften auseinander. Die Krawatte betont nochmals die Mittellinie, und ein hochgestellter Pelzkragen, der, erst nachträglich hinzugemalt, unverkennbar seine kompositionelle Bedeutung kundtut, schließt die Gesamtsilhouette zur einheitlichen Pyramide. Aber der Künstler gerät nicht mehr in die naheliegende Gefahr ornamentaler Stilisierung, die so leicht falsche Größe vortäuscht. Liebevoll geht er auf das Detail ein. Kaum merkliche Ungleichheiten werden gefunden und herausgehoben. Das starre Gerüst umgibt sich mit lebengesättigter Form. Gegen die rötlichen Töne von Inkarnat und Haar steht das wundervolle Grün des

Hintergrundes, das durch den Kontrast zum Eindruck edelsten Materials gesteigert wird.

Der Künstler verschwindet hinter dem Werke. Das Bildnis löst sich von seinem Schöpfer. Der Gedanke der Gegenüberstellung zweier Charaktere, wie er den Porträts des Malers Schlittgen und des jungen Franzosen zugrunde lag, könnte vor einem solchen Werke nicht mehr entstehen. Munch hatte früher Doppelbildnisse gemalt, in denen noch deutlicher beabsichtigt war, die schwebende Stimmung zwischen zwei Menschen zum Ausdruck zu bringen. Es kam nicht darauf an, daß die beiden sich kannten. Sie fanden sich erst in der Vorstellung des Künstlers. Auch Albert Kollmanns Kopf kehrt in einem solchen Doppelbildnis wieder. Aber das Beieinander ist freier geworden. Stimmung lagert nicht mehr beengend über den Köpfen. Die farbige Erscheinung bindet zwei Menschen zur Einheit. Ein gelbrotes Buch wird zum kompositionellen Mittelpunkt, und vor dem lichtgrünen Grunde stehen die zwei Köpfe, deren Farbigkeit in verschiedener Stufung von Braungelb zu Rot gewonnen wird.

Die falschen Stimmungseffekte der sogenannten künstlerischen Photographie haben auch in die Porträtmalerei hinübergewirkt. Bewußt stellte sich ein Künstler wie Henri Rousseau dagegen auf den primitiven Standpunkt, den der Dorfphotograph seinem Modell gegenüber einnimmt. Auch in Renoirs Entwicklung läßt sich diese Umkehr verfolgen. Und Munch nimmt immer entschiedener den Menschen einfach und ehrlich, wie er sich vor der Staffelei gibt, als Modell, als ein Stück Natur, das er gestaltet.

Im Hause des Dr. Linde trat eine Reihe von Porträtaufgaben an den Künstler heran. Er hatte die Kinder des Ehepaares auf einem großen Bilde zu malen, und er komponierte eine Gruppe ganz neuer Art. Andere hätten die vier Kinder in rhythmische Bewegung gebracht, in einer Beschäftigung gezeigt. Munch verschmäht so äußerliche Mittel. Er stellt die Kinder einfach vor eine Tür. Ein kleiner Junge gibt in reiner Frontalität das Zentrum, der Spalt der Tür betont hinter ihm aufsteigend noch einmal die Mittellinie. Die beiden größeren stehen zu den Seiten, und äußerst fein sind die Gewichte so ausgewogen, daß der eine, der rechts allein bleibt, dem anderen, der links mit dem kleinsten Kinde zusammengenommen ist, die Wage hält. Das breitbeinige Stehen, der große runde Hut, der erhobene Kopf und das leichte

Vorrücken der Gestalt zum Bildrande gibt dem Jungen zur Rechten im Gefühle die größere Schwere, während der Kopf seines Gegenübers abgebogen ist, und die Gruppe sich enger der Rückwand anschmiegt.

Mit solchen Mitteln ist der Komposition der Charakter des Notwendigen gegeben, eine feste Geschlossenheit, die ihr die eigene Monumentalität verleiht. Mit ganz klaren und großen Linien sind die Gestalten umschrieben. Alles Unwesentliche ist zusammengestrichen, um nur die bestimmenden Formen wirken zu lassen. Diese vier Kinder stehen als Menschen von klar umrissenem Charakter vor dem Beschauer. Die Haltung allein in ihrem ganz ungekünstelten Sichgeben ist bezeichnend für jeden. Wunderbar, wie die Natur selbst ohne die Mittel äußerer Vergrößerung zur Monumentalform gesteigert wurde.

Es hängt mit der Art, wie Munch Menschen in ihrer Gesamterscheinung zu charakterisieren gewohnt ist, zusammen, daß er im Porträt nicht gern sich auf einen Ausschnitt beschränkt, sondern die ganze Figur gibt. Schon das frühe Bildnis der Schwester, der Franzose und Schlittgen waren Beispiele dieses Bildtypus. Auch jetzt kehrt er mehrfach wieder. Trotzdem sucht man vergebens in manchen dieser neuen Bildnisse den alten Munch. Die Stimmung ist versöhnlicher. Die Erscheinung hat nichts Gewaltsames mehr. Liebenswürdig und einfach gibt sich der Künstler, die Farbe wird beinahe süß wie in den Tauwetterlandschaften der Weimarer Gegend. Zarte Frauenbildnisse entstehen, in denen der Künstler sich ganz dem Klang schöner Formen und weicher Farben überläßt. Aus dem Jahre 1905 stammen die Bilder, in denen Munch am weitesten sich an die Erscheinung verlor. Selbst in den eigenen Zügen sah er mehr die Schönheit als den Charakter, stellte seinen Kopf vor einen zartgrünen Grund und modellierte in leicht aquarellierenden Tönen. Zwei Kinder stehen frei und beinahe elegant im Raume. Der dunkelblaue Anzug des Knaben, das weiße Kleidchen des Mädchens heben sich von der blaßviolett getönten Wand in lebendiger Silhouette. Der Ernst des Gruppenporträts der Lindekinder weicht einer Zierlichkeit, die sonst fremd ist in Munchs Werk, die Farbe organisiert sich nicht im Bilde, sondern bleibt schöne Materie.

Die Folgezeit erst bringt den für immer entscheidenden Wandel, äußerlich eine neue Technik, innerlich eine Gesundung, die den kränkelnden Jüngling zum starken und reifen Mann erwachsen läßt. Wiedergenesen

Die Kinder des Dr. Linde. 1902.

Die Kinder des Herrn Esche. 1905. Photo Gurlitt.

fand Munch den Weg in die Heimat. In Kopenhagen vertraute er sich einem Arzte, entsagte den Giften, mit denen er in früheren Jahren seine Phantasie überreizt, seinen Körper unterwühlt hatte. Von Kopenhagen ging er nach Norwegen, nicht zurück nach Kristiania, wo Erinnerungen der Jugend ihn schreckten, sondern in die Einsamkeit der Fjorde, wo nur selten ein alter Freund ihn aufsuchen durfte. Dort lebte er mit der Natur, mit einfachen Menschen, deren Dasein durch keine Überkultur angekränkelt ist.

Stark und gesund, wie die Luft, die um ihn wehte, sind die Werke, die hier entstanden. Eine Reihe großer Porträts ist das erste Zeugnis der neuen Gestaltungskraft. Freunde standen ihm wieder zu Bildern, die seine Schöpfung waren, in denen nicht die Aufgabe die Hand bindet. Frei und groß stehen diese Menschen. Sie sind Geschöpfe des Künstlers. Aber der Meister verbirgt sich im Werke, entläßt seine Wesen zu eigenem Leben. Es klingt leicht vermessen, vor Werken unserer Zeit an die großen Schöpfungen der Vergangenheit zu erinnern. Aber diese Reihe lebensgroßer Männerporträts drängt unmittelbar den Gedanken an Castagnos reckenhafte Gestalten auf. Und wie diese sollten sie in einer Reihe stehen, damit ihre Erscheinung in gegenseitiger Steigerung an wuchtiger Größe gewinne. Munch selbst empfand das, und in Ausstellungen zeigte er, wie seine Gemälde wirken sollten. Aber diese innere Zusammengehörigkeit ist nicht wie früher durch äußere Mittel bedingt. Die Teile der großen Friese waren durch gedankliche Beziehungen verbunden. Die Porträts des Franzosen und Schlittgens waren bewußt aufeinander abgestimmt.

Dr. Jakobsen. 1909.   Photo Gurlitt.

Die neuen Bildnisse bleiben jedes für sich in voller Selbständigkeit. Allein der Geist des einen, der sie schuf, ist das vermittelnde Band.

Munch hat so den Arzt gemalt, der ihn in Kopenhagen behandelte. Breitbeinig steht die imponierende Gestalt hochaufgerichtet dem Beschauer entgegen. In wahrhaft berauschender Pracht strömt die Farbe. Die

Jappe Nilssen. 1909. Photo Gurlitt.

Versuche der vorangehenden Jahre sind abgeschlossen. Ein neuer malerischer Stil ist geschaffen. Feuriges Leuchten strahlt von dem Gemälde. Aus lauter Farben bildet sich das Braun des Anzugs. Gelb glänzt im Hintergrunde. Rot leuchtet der Vorhang. Zu der Fülle warmer, fast glühender Töne stehen kaltes Lila und Blau als sparsamer Kontrast so überzeugend, daß das Grün des Bartes nicht anders wirkt als blond. Die Farbigkeit einer Gestalt ist aus einheitlicher Palette entwickelt, nicht durch sparsames Rechnen, sondern in der scheinbar verschwenderischen Fülle aller Mittel reichster Koloristik.

Das ist das Geheimnis dieser Bildnisse. Das gibt ihnen die unerhörte, rauschende Pracht und die Wucht einer Erscheinung, gegen die alle früheren Porträts zierlich und zaghaft wirken müssen. Neben den feuerglühenden Doktor Jakobsen stellt sich die gegensätzliche Skala des Jappe Nilssen-Porträts. Das Blauviolett des Anzugs hebt sich von grüner Wand, die zwei Haupttöne sind gleichsam durchwoben von lichten, warmen Farben, die in dem braunen Boden sich zu Orange und Rot und Gelb sammeln.

Konsul Sandberg. 1901. Photo Gurlitt.

Im Jahre 1909 fand Munch die neue Farbigkeit, die diesen Männerporträts die Fülle strotzenden Lebens verleiht. Noch zwei Jahre zuvor waren die Kontraste äußerlicher geblieben. Das Bild der zarten Erscheinung des Dichters Helge Rode ging noch nicht so vollkommen auf in der starken

Koloristik, mit der die Leinwand geschmückt ist. Die Falstaffgestalt des Konsul Sandberg lebte allein von der zeichnerischen Erfindung ihres Umrisses. Wundervoll ist es, wie leicht die schwere Masse dieses Körpers zu stehen scheint. Ganz schmal sind die Füße, elegant steigt der Kontur zu der mächtigen Breite des Gürtels, dem kolossalen Umfang der Brust.

So zwingt der Künstler die Erscheinung nach seinem Willen, hebt einmal Zentnerschwere spielend leicht, gibt ein andermal wuchtendes Gewicht, um den Ernst des Mannes, die solide Kraft der Knochen zu deuten. Die Horizontale der Schultern und der enge Abschnitt des Bodens, das einfache Stehen und der sicher geradeaus gerichtete Blick, das feste Wurzeln der breiten Füße, die bis zum Bildrande herabreichen, vor allem aber die Fülle der farbigen Materie, geben der Gestalt des Arztes die wuchtende Größe gegenüber dem leicht wippenden Koloß, der sich in zarten Tönen nur sacht modelliert.

In seinen frühen Porträts zielte Munch geradewegs auf das Typische einer Erscheinung, wie er in der Landschaft die Formel bleibenden Aspektes suchte. Alle Wege führten einer letzten Lösung entgegen, in der sich für ihn der Gehalt einer natürlichen Gegebenheit erschöpft. Nun weiten sich die Möglichkeiten einer Aufgabe, da Farbe und Form nicht einer Allgemeinidee dienstbar gemacht werden, sondern aus der jeweiligen Situation neu erwachsen. Derselbe Advokat Stang, der das eine Mal groß und wuchtend steht, kehrt ein andermal in einem Doppelbildnis wieder, in dem der Künstler sich selbst mit dem Freunde zusammen darstellte. Aus hellem Hintergrundton ist die Farbigkeit der Gestalten entwickelt. Violette Flecken beleben eine leuchtend gelbe Wand. Aus dem gleichen Gelb bildet sich das Inkarnat von Munchs Kopf. Als großer Kontrast steht dagegen der blaue Rock, während das Grün von Stangs Anzug zur Wand vermittelt, und das gleiche Grün ist hinaufgeführt in die Schatten des Gesichtes, wo es als komplementärer Gegensatz das Rosa der Hautfarbe zum Lichte steigert. Der Kontrast der zwei in Rot modellierten Köpfe Kollmanns und Sten Drevsens zu dem grünen Hintergrunde erscheint primitiv gegenüber dem lebensprühenden Reichtum dieses Bildes in seiner einheitlichen Skala. Während das Einzelporträt die Gestalt energisch gegen den Hintergrund absetzt, ist das Problem der Bindung zweier Figuren zu bildlicher Einheit nun bewußter erfaßt, auf der Grundlage der Versuche des Jahres 1907 zu einer Lösung geführt.

Schneearbeiter. 1910.

Als Abschluß und letzte Steigerung der Reihe großer Männerporträts steht das mächtige Bild der Schneearbeiter. Gewaltiger noch als die wuchtigen Einzelgestalten tritt der riesenhafte Mann mit der geballten Rechten und der geschulterten Schaufel dem Beschauer entgegen. Nicht mehr als drei Begleiter sind ihm gegeben. Fünf Silhouetten deuten die Arbeiter, die mit Hacken eine Bahn durch den Schnee schlagen. Man sieht einen ganzen Zug von Menschen, ahnt eine Schar tätiger Männer an dem Wege. Ein kubischer Hohlraum bleibt eine meßbare Größe. Munch hütet sich wohl vor errechneter Perspektive. Er disponiert in der Fläche, gibt nicht mehr als ein Symbol der Tiefe. Die Belastung der Bildebene bleibt primäres Gesetz. Die Schaufel des Hintenstehenden wächst nach vorn zum Riesenmaß, weil die Ökonomie der Komposition an der Stelle ein Gewicht verlangt.

Die Sentimentalität des Arbeiterbildes, das Millet schuf, ist dieser neuen Formung fern. Die Monumentalität einer erstarrten Bewegung, die Hodler zu seinen starken Effekten verhalf, kennt diese rein aus sinnlicher Anschauung erwachsene Kunst nicht. Ohne äußere Steigerung, ohne sprechende Posen wachsen Munchs Menschen ins Übergroße.

Mit wenigen energischen Strichen ist die Landschaft gezeichnet. Das Weiß des Schnees gibt die Folie für die dunkle Männerschar. Harte Kälte wird fühlbar. Der Künstler lebt selbst mit den Elementen. Er malt nicht die Wirkung auf das Gemüt, sondern das objektive Dasein. So unterscheiden sich Winterlandschaften, die nun in Kragerö entstehen, von anderen früherer Zeit. Aus sparsam energischen Pinselstrichen wächst das Bild schneidenden Schneesturmes über dem Fjord. Hellblau und kaltes Grün sind die einzigen Farben, allein im Himmel ein blasses Rosa. Der Wald lebt unter weißer Decke. In früherer Zeit suchte Munch unmittelbar die typische Form, sah in den schlanken Pyramiden der Tannen das Gleichnis gotischer Fialen. Der Wald von Kragerö ist individueller und größer zugleich. Die Formen wachsen, und die Farben sammeln sich zu gegenseitiger Steigerung. Klar und groß werden die Kompositionen. Aus den Schleiern der Sommernacht rückt die Erscheinung in das volle Licht des Tages. Eine Straße in Kragerö nimmt alte Motive wieder auf, Linien, die scharf bildeinwärts führen, Häuser in der Ferne und am Bildrande eine Schar von Mädchen. Der Zauber mystischen Geheimnisses ist gebrochen. Da ist nicht mehr der fragende Blick eines erwachenden Geschöpfes, nicht das drohende Schweigen der Häuser, das gespenstische Sichtürmen der Bäume. Einfach und groß steht ein kahler Stamm vorn im Bilde. Hell leuchtet das Orange der Häuser aus der Ferne, und in die Ecke schiebt sich eine Gruppe von Mädchen, die ein

Straße in Kragerö. 1910.

schönes Rot beherrscht. Der Gegensatz der zwei Bilder, die ein knappes Jahrzehnt voneinander scheidet, bezeichnet den Weg, den der Künstler genommen hat. Unmitelbarer ist die Erscheinung gepackt. Munch ist der Natur näher gerückt. Die Intensität einer Vision machte die Stärke seiner früheren Bilder. Die andere Spannweite gab ihm darüber hinaus die Kraft einer Erneuerung. Aus der veränderten Welt, die er sah, wuchs ihm das Werk, das zur Krönung einer reichen Schaffensperiode werden sollte.

Festgenommen. Lithographie. 1903.

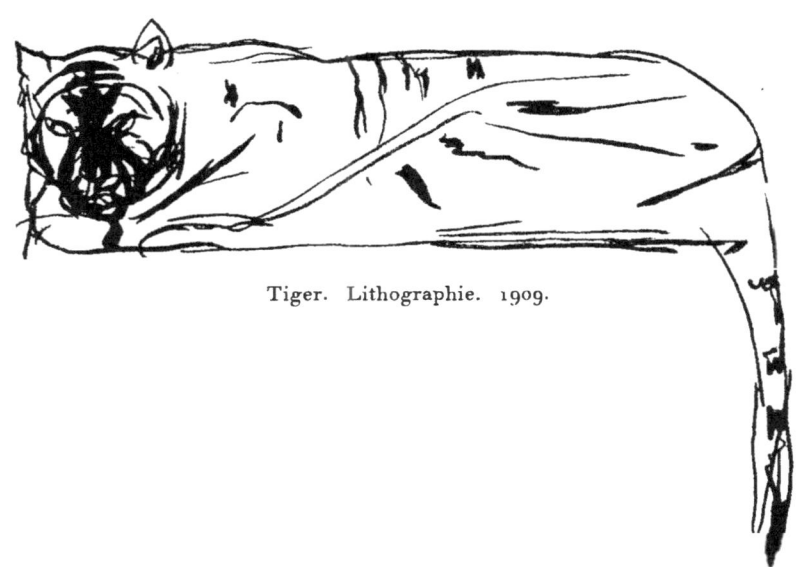

Tiger. Lithographie. 1909.

DIE GRAPHISCHEN ARBEITEN
DER ZWEITEN EPOCHE

MUNCHS Schaffen auf graphischem Gebiet folgt der Entwicklung seiner malerischen Form. Die gleichen Perioden zeichnen sich ab, wenn auch die Grenze fließend ist wie in allem natürlichen Werden und Geschehen. In der geistigen Durchdringung wie in der technischen Bewältigung des Stoffes schließen sie sich eng an den malerischen Ausdruck der beiden geschilderten Epochen in Munchs Schaffen. Wieder ist das Jahr 1902 die Grenze. Nach einer Zeit anscheinender Ermüdung setzt neue, reiche Tätigkeit ein. In der kurzen Spanne eines Jahres entsteht fast ein halbes Hundert graphischer Arbeiten. Die Dimensionen wachsen. Die Radierung versucht ein neues Format zu gewinnen. Auf riesigen Zinkplatten stehen tiefgeätzte Linien. Beinahe lebensgroße Köpfe werden mit starken Strichen einfach umschrieben. In dem Nebeneinander der gleichzeitigen malerischen Neubildung wird der Sinn der veränderten Formgebung kenntlich. Die alte Radierung versuchte, die ganze Fülle farbiger Erscheinung im Schwarz-Weiß zu gestalten. Die Umsetzung aus dem Gemälde kam einer Transponierung

Dr. Gustav Schiefler. Radierung. 1905.

in die andere Skala gleich. Mit allen Mitteln der Technik wurden dem Kupfer die schwebenden Nuancen einer reichen Tonleiter abgewonnen. Vom tiefen Sammetschwarz des Grates bis in feines Grau zartester Nadelarbeit und verschwimmende Flächen von Schabkunst und Aquatinta nutzte der Künstler alle Möglichkeiten der Modellierung im Hell-Dunkel, um die Farbigkeit der Natur in ihren Lichtwerten wiederzugeben.

In den neuen Gemälden wächst die Intensität des farbigen Ausdrucks, der nun der alten Form der Übersetzung in die Schweiß-Weiß-Skala widerstrebt. Die Malerei ist nicht mehr tonig, sondern reich an starken Kontrasten. Will die Radierung folgen, so kann sie nur mit ihren Mitteln ähnlich entschiedene und große Wirkungen erzeugen. Sie wird ebenso energisch nur Schwarz-Weiß, wie das Bild nur Farbe ist. Es ist ein allgemeines Gesetz, das sich ebenso in der Entwicklung von Rembrandts Stil in Malerei und Radierung bewahrheitet, wie in dem Nebeneinander der farbenstarken Bilder van Goghs und seiner holzschnitthaft einfachen Rohrfederzeichnungen. Die starken Kontraste reiner Komplementärfarben lassen sich nicht durch den Reichtum einer Tonskala im Schwarz-Weiß wiedergeben. Ihnen entspricht allein die energische Führung einfacher Konturlinien.

Munch hatte ein Bild gemalt mit den zwei Köpfen eines alten Schiffers und seines kleinen Mädchens. Das strohgelbe Haar des Kindes steht gegen das dunkelblaue Kleid vor stark grünem Grunde. Die Umsetzung in die Radierung gibt beinahe im gleichen Format die beiden Köpfe in einfachen, großen Umrissen. Munch selbst mag das Blatt zunächst nur als einen Versuch angesehen haben. Er opferte der neuen Technik durchaus nicht das alte Können. Es entstand gleichzeitig eine Reihe anderer Radierungen, die sich nur wenig von den früheren Arbeiten unterscheiden. Aber dieses große Blatt, das ebenfalls keineswegs allein für sich steht, bezeichnet die Richtung, in der mit innerer Notwendigkeit die kommende Entwicklung von Munchs Radierungsstil sich bewegen mußte.

Ähnlicher Ausdruckswandel vollzieht sich innerhalb der lithographischen Technik. Das Format wächst in bisher ungekannte Dimensionen. Das Ehepaar Leistikow erscheint im Doppelporträt lebensgroß auf einem Blatte. Der bildmäßige Abschluß mit Hintergrund und Raumandeutung wird preisgegeben. Lithographie will nichts anderes mehr sein als Zeichnung. Früher wurde in Tuschtönen modelliert. Jetzt steht die Gestalt einfach vor dem Grunde. Durch Farbenplatten konnten die Lithographien, in denen Munch die Motive seiner Gemälde wiederholte, zu voller Bildwirkung gesteigert werden. Das wäre nun nicht mehr möglich. Entschiedener bekennt die Lithographie ihren Charakter als Erfindung im Schwarz-Weiß.

Auch der Holzschnitt nimmt diesen Weg. Die großflächigen Gemälde

Der Urmensch. Holzschnitt. 1905.

führten zur Übertragung in breit geschnittenen Holzplatten. Die zusammenhängende Farbfläche des Bildes läßt sich im Holzschnitt unmittelbar wiedergeben. Die letzte Abstraktion von der individuellen Einzelform ist hier reiner noch möglich als im Gemälde. Die andere Farbigkeit findet eine Analogie in der einheitlichen und reicheren Behandlung des Holzes. Noch während die letzten Holzschnitte des alten Stiles entstanden, fand Munch die neue Form in dem prachtvollen Blatte mit dem Kopfe des alten Schiffers. Diese andere Form wird fruchtbar für die Zukunft. In dem ergreifenden Kopfe, den man den Urmenschen nannte, schuf Munch das vollendetste Kunstwerk des neuen Holzschnitts.

In Gemälden begegnet der gleiche Mann. Aber niemals erscheint er so ins Heroische gesteigert wie in dem Holzschnitt. Man vermag zu ahnen, wie ein solches Blatt zurückzuübersetzen wäre in Malerei. Breite Striche ganz starker Farben könnten ähnliche Ausdrucksenergie zeugen. Der Holzschnitt ist nicht farbig im Schwarz-Weiß. Noch weniger vertrüge er wie andere Platten Munchs eine Kolorierung im Druck oder die Hilfe farbiger Stöcke. Allein größte Intensität des Schwarz-Weiß ist das Gleichnis äußerster Steigerung im Farbigen. Andere Blätter zeigen noch charakteristischer die Auflösung der Gesamtfläche in ein System von Flecken und Streifen analog der malerischen Technik, die im Jahre 1907 aus neuen Experimenten sich bildete. Der Holzschnitt geht zeitlich voran. Aus den gleichen

Haus Dr. Lindes. Radierung. 1902.

Formelementen, die im Gemälde farbige Flecken breiter Pinselstriche bilden, bauen sich hier Landschaft, Figur und neutraler Grund. Versuche der Stilisierung großer Flächen, die notwendig schließlich im Dekorativen endeten, sind preisgegeben. Nun erst ist eine künstlerisch ausdrucksfähige Technik geschaffen, die jede Differenzierung gestattet.

Formal ebenso wie inhaltlich setzt um das Jahr 1902 die neue Epoche in Munchs graphischem Schaffen ein. Andere Menschen, eine andere Natur treten in den Gesichtskreis des Künstlers. Die gleichen Modelle wie in den gemalten Porträts der Zeit begegnen in Radierungen und Lithographien. Auch auf diesem Gebiete wird zum ersten Male Munch ein größerer Auftrag zuteil. Für Dr. Linde entsteht eine Mappe mit sechzehn graphischen Arbeiten, in denen das Heim des Sammlers mit seinen Bewohnern im Bilde festgehalten wird. Auf ganz großen Zinkplatten radierte Munch den Garten und das Haus. Die Blätter gehören zu den gehaltvollsten Schöpfungen des Künstlers. Er gibt sich frei einem Eindruck hin, und er gestaltet ihn zugleich mit sicherer Hand zu bleibender Form. Prachtvoll ist die Kurve, mit der er den Weg umschreibt, der zum Portal emporführt, groß steht das Haus und klar, beschattet von einer Gruppe hoher Bäume, die zu einheitlicher Masse gebunden ist. Frei und schön wie die Landschaften erscheinen die Bildnisse der Familie. In der Eleganz ihrer Linienführung stehen diese Porträts beinahe unerreicht in Munchs Werk, in einer Reihe mit gemalten Bildnissen der gleichen Periode, in denen die Farbe fast schmeichelnd süß wird, und die Form schmiegsam und zart sich modelliert. Es ist nicht leicht, die Hand desselben Mannes zu erkennen, der im gleichen Jahre die großen Studienköpfe auf Zinkplatten ätzte. Wahrer sind diese, notwendiger im logischen Zusammenhang

Van de Velde. Lithographie. 1906.

Dr. Linde. Radierung. 1902.

seines Schaffens. Aber Munch verschmähte es nicht, einer Aufgabe sich unterzuordnen, und er war sich bewußt, daß ihm nicht alle Freiheit blieb, da er für andere schuf. Auch die Charakterisierung ist um einen Ton leiser als sonst. Man sagt nicht jede Wahrheit, wenn man sich in Gesellschaft weiß.

Die Lindeporträts sind im landläufigen Sinne die schönsten Radierungen von Munchs Hand. Es gibt nicht viele graphische Arbeiten neuerer Zeit, die sich mit ihnen an Klarheit und Eleganz der Zeichnung zu messen vermögen. In Munchs Schaffen bilden sie eine Insel. Sie konnten nur in diesen Jahren entstehen, da nicht eigene Aufgaben zur Gestaltung drängten, und der Künstler sich leichter und freier den Eindrücken der Außenwelt hinzugeben vermochte.

Die Bildnisse der nächsten Jahre teilen mit diesen die Einfachheit der Charakterisierung. Trotzdem sind manche energischer gepackt. Der Kopf Schieflers steht fester in der Fläche, die Horizontalen der Augenbrauen und des Schnurrbarts sind mit anderer Vehemenz hingesetzt, und einer Kugel gleich rundet sich die Form des Schädels. Ähnlich steht Van de Veldes Kopf maskenartig vor dem Hintergrunde. Keine bildmäßige Abrundung hilft der Charakterisierung. Die Lithographie ist reine Zeichnung. Die Einstellung allein gibt die monumentale Haltung. In Licht und Schatten zerlegt sich das Gesicht in zwei Hälften. Die Festigkeit der Konturen, in denen die Flächen sich gegeneinander absetzen, verleiht dem Kopfe die eindrückliche Geschlossenheit. Die Modellierung folgt nicht jeder Hebung der Form. Lichter und Schatten sammeln sich in zusammenhängenden Flächen. Man verfolgt es deutlich, wie der Künstler wählt, wenn man den Kopf Helge Rodes mit dem in der Einstellung genau übereinstimmenden großen Gemälde zusammenhält. Die grünlichen Schatten wirken so stark modellierend gegen die roten Lichter, daß nur der elementare Gegensatz des reinen Schwarz und Weiß sie wiederzugeben vermag, die vermittelnden Zwischentöne des neutralen Gelb verschwinden müssen. So werden Lichtflächen durch Schattenlinien umrissen, die dem Ausdruck eine Schärfe geben, wie dem gemalten Porträt die Kontraste komplementärer Farbenpaare.

Der Ausgleich einer ruhenden Größe, den die Reihe der Männerbildnisse bringt, findet seinen Reflex in begleitenden Lithographien. Effekte eines blendenden Schwarz, das mit großen Flächen reinen Weiß kontrastiert, sind nicht mehr erforderlich, einem Kopf Haltung und Wucht der Erscheinung zu verleihen. Auch der Schematismus des Van de Velde-Porträts ist überwunden. Leicht rührt der Stift die Fläche. Jeder Strich liegt offen und frei zutage. Die Schwärze bleibt überall gleich, teilt nicht mehr Drucker aus, die Pointen geben. Allein die Größe der Formenanschauung hebt diese Köpfe weit über alle früheren Schöpfungen. Jeder Rest bewußter Interpretation ist überwunden. Ganz frei ist die Menschlichkeit des Dargestellten erfaßt. Das Strindbergporträt, der Heiberg, der Drachmann waren bildhafte Aussagen des Künstlers über die Dargestellten. Die Köpfe sprachen. Munchs eigene Geistigkeit lauerte hinter jedem Gesicht. In den Lindeporträts verbarg der Künstler sich ganz hinter den Dargestellten. Nun faßt er die rein animalische Gewalt einer Erscheinung. Er überläßt sich dem Eindruck, um ihn aus sich neu zu zeugen. Der Inhalt spricht durch die Form, ohne daß diese verbogen würde, um eindeutigem Ausdruck zu dienen. Der intellektuelle Gehalt, der zuvor möglichst rein herausgestellt wurde, offenbart sich in der Vitalität selbst. Nicht Liebe und nicht Haß gestaltet diese Köpfe, die allein durch große und sichere Form Geist und Charakter sind. Darum

Tor Hetberg. Lithographie. 1909.

widerstreben sie der eindeutigen Interpretation, zu der frühere Bildnisse verführten. Sie sind reich wie das Leben.

Nun erst war Munch reif, auch das Tier seiner Kunst zu entdecken. Hätte er es früher gefunden, es wäre ihm zum Zerrbild des Menschen geworden, da alle Natur ihm nur Spiegel eigenen Erlebens war. Erst da er von sich befreit worden, vermochte er sich der Umwelt hinzugeben. Nun sieht er mit ebenso unbefangenem Auge das Tier wie den Menschen. In dem zoologischen Garten von Kopenhagen entstand die erste Folge von Tier-

Eisbär. Lithographie. 1909.

zeichnungen. Die Formenfülle eines bisher ungekannten Reiches erschließt sich dem Künstler. Mit erstaunlicher Sicherheit findet er den charakteristischen Kontur eines Wesens, das zum ersten Male in den Gesichtskreis seiner bewußten Anschauung einrückt.

Eine einzige Kurve vom Rücken über den Hals zum Kopfe gibt die wiegende Bewegung des Eisbären so suggestiv, daß man sie nicht mehr anders zu sehen vermag als in dieser Form. Der schwere Körper des braunen Bären schließt sich zur ungegliederten Masse, in der noch der Kopf zu versinken scheint. Der schlanke Leib des lagernden Tigers schreibt sich einem schmalen Rechteck ein, das die Diagonale des Schenkels in zwei Dreiecke zerlegt. Die lauernde Sprungbereitschaft des Tieres verkörpert sich in dieser einfachsten Grundform. Drohend blickt der Kopf. Er ist in reiner Frontalität genommen, in der gleichen, primitivsten Einstellung, die Munch in seinen Menschenbildnissen bevorzugt. Leichter offenbart sich die charakteristische Form in den vermittelnden Ansichten seitlicher Schiebung. Energischer spricht diese eine, wenn die bestimmenden Züge erfaßt sind. Und Munch trifft den Tiger wie den Affen und den Adler, indem er im Bau ihres Kopfes sicher die Hauptlinien findet.

Munch erzählt hier so wenig wie in seinen Bildern. Es ist nicht seine Art, auf breite Schilderung einzugehen. Er malte in Kragerö ein Pferd, das mit dem Schlitten die abschüssige Straße bergab galoppiert, stellte sich ihm in den Weg, um die Vehemenz des Laufes im Anprall zu versinnlichen, anstatt das Thema in der Breite zu entwickeln, als Schilderung zu geben. Dieser Zug zur reinen Frontalität der Einstellung geht durch Munchs ganzes Werk. Er blickt den Dingen gerade ins Gesicht, braucht nicht vermittelnde Posen.

Munch ist aus diesem Grunde niemals eigentlich ein Erzähler gewesen. Er ist nicht ein Schilderer epischer Zuständlichkeit. Seine großen Bilderzyklen geben Typen des Daseins, nur das einende Band der Persönlichkeit, innerhalb deren Vorstellungswelt sie entstanden, schließt sie zur Folge. So wuchs aus Reihen von Einzelbildern, in denen sich Erlebnisse des Menschen zu Werken des Künstlers verdichteten, Munchs erster Fries. Die Wiederholungen suchten durch dekorativen Einklang den Zusammenhang stärker zu betonen. Aber niemals entstand eine Fabel, die ablesbar wäre aus der Folge der Bilder. Ähnlich wären in der Mappe von Lithographien die einzelnen Blätter nur durch innere Beziehungen, nicht durch äußerlich verbindenden Text zur Einheit geschlossen worden, wenn der Plan des Künstlers sich verwirklicht hätte.

Eine andere Form der Konzeption lag den Wandgemälden für die Universität zugrunde. Auch hier steigen an manchen Stellen alte Bildgedanken empor. Aber der ganze Zyklus ist aus einheitlicher Idee erwachsen. Die Einzelbilder sind nicht ganz freie Wesen, die Komposition greift vom einen ins andere über, und inhaltlich ergibt die Kontinuität der Beziehungen eine gedankliche Einheit, wie malerische Behandlung und Koloristik auf einen gleichbleibenden Grundton gestimmt sind.

Zeitlich nicht lange vor diesem großen Werke entstand Munchs erster Zyklus graphischer Blätter. Er steht künstlerisch in dem gleichen Verhältnis zu der Folge der Universitätsbilder wie die Blätter, die in der ersten Mappe hätten vereinigt werden sollen, zu dem ersten Friese. Der inhaltliche Zu-

Alphas Entsetzen. Lithographie. 1909.

sammenhang tritt stärker hervor. Die zeichnerische Behandlung gleicht sich in allen Blättern. Es ist der große und offene Strich der neuen Lithographie Munchs. Alte Bildvorstellungen tauchen gelegentlich wieder auf. Aber sie sind in einer freien und neuen Weise bezwungen. Der Künstler unterliegt nicht mehr den eigenen Gesichten. Er beherrscht sie ganz. Früher standen Blätter verschiedener Technik nebeneinander, wie der Bildvorwurf in seiner ersten

Entstehung die eine oder andere Formung gefunden hatte. Das Menschenpaar taucht wieder auf, das nackt in das Dunkel des Waldes hineinschreitet. Das „Geschrei" kehrt wieder. Aber das Blatt ist umgesetzt in einen anderen Linienduktus. Die Wirkung ist nicht mehr konzentriert in dem weit geöffneten Munde, um den alle Linien der Komposition zu schwingen schienen. Alle Form überhaupt ist aufgerührt zu einem stürmischen Wogen. Der Himmel hat daran gleichen Teil wie die Erde und das Meer und die Steine und der Körper des Menschen, in dessen Gesicht sich nicht mehr aller Ausdruck sammelt, dessen Leib ganz sich zu lösen scheint in der Qual eines zerreißenden Schmerzes.

Der Gegensatz ist charakteristisch für die neue Art der Anschauung und des Schaffens. Die Ausdeutung einer Erscheinung durch inhaltliche Beziehungen, die früher hie und da begegnete, hat keinen Platz mehr. Weder die zwei Männer auf der Brücke noch die Schiffe im Wasser wären in dem neuen Zusammenhang erträglich. Die Konzeption geht vom Ganzen aus, und ein Detail, das nicht notwendig in ihm verwurzelt ist, kann nachträglich nicht mehr in die Darstellung eingehen. Die Form ist größer geworden und sicherer im Ausdruck. Es gibt kein Schwanken mehr zwischen dem Individuellen und dem Typus, da die Sonderbildung von selbst sich zur Allgemeingültigkeit steigert. Bestimmten Frauengestalten konnte man immer wieder in Munchs früherem Werk begegnen. Aus ihnen erstand die verallgemeinerte Vorstellung der Weiblichkeit. Omega ist nicht das eine und nicht das andere. Sie ist ein selbständiges Geschöpf. Aber sie ist so weit abgelöst von allem Modellhaften, daß ihr Typus trotzdem ebensoweit ins Allgemeine sich steigert, wie der gedankliche Gehalt des Bilderzyklus über den Individualfall hinausgeht.

Eine phantastische Fabel liegt dem Werke zugrunde. Sie ist einfach genug und rasch erzählt. Das Weib Omega nähert sich Alpha, dem Manne. Er liebt sie. Bald wird sie ihm untreu. Tieren gibt sie sich hin. Er tötet sie, um endlich selbst der Nachkommenschaft der Treulosen zu erliegen. Die Geschichte ist genau so banal, wie sie sein muß, um ohne erklärenden Text rein aus der bildhaften Darstellung ablesbar zu werden. Sichtlich ist sie nur Vorwand zyklischer Vereinigung einer Reihe von Motiven, die in der Vorstellung des Künstlers schlummerten.

Die übliche Form bildlicher Erzählung schafft durch ein Nebeneinander von Motiven inhaltlich ausdeutbare Beziehungen innerhalb eines Blattes, oder sie wählt Augenblicke, in denen ein Geschehen deutlich in einer darstellbaren Handlung sich verkörpert. Der Leichnam des Ehebrechers liegt am Boden, der getäuschte Gatte hält die Mordwaffe in den Händen. Das treulose Weib wendet sich ab, zu Tode erschrocken. Das ist die typische Form erzählender Illustration. Von solchen Mitteln macht Munch keinen Gebrauch. Er kann es nicht, da nicht wenige von den Darstellungen offenbar eher innerlich feststanden als die Reihe und ihr Zusammenhang im einzelnen. Vor allem aber drängt Munchs Kunst auf Verewigung einer Zuständlichkeit im Gegensatz zur Zuspitzung im Momente des Geschehens.

Darum ist es möglich, daß einzelne der Blätter, trotzdem sie Teile einer zusammenhängenden Bilderzählung sind, sich alten Motiven nähern. Aus den „Zwei Menschen am Meeresufer" wird das Blatt mit Mann und Weib, die eng vereint am Gestade der See sitzen. Es ist als Stimmungsbild genau so allgemein verständlich wie die alte Darstellung. Aber die Konzeption wurde freier und größer. Die Natur ist nicht mehr nur Begleitung, sondern Hauptinhalt. Die Körper der zwei Menschen verwachsen mit dem Boden, aus dessen flacher Kurve ihre geschlossene Silhouette sich erhebt. Klar steht die Gruppe vor der hellen Fläche des Wassers. Drüben führt flaches Ufer in weite Ferne. Die runde Scheibe des aufgehenden Mondes steht über dem Horizonte, sein Bild wird zum langen Streifen im Spiegel des Meeres. Einfach und klar sind die zeichnerischen Mittel, die Munch in diesen Lithographien verwendet. Wunderbar ist der Tonreichtum des Schwarz-Weiß, das nur selten und sparsam die volle Tiefe der Kreide zur Wirkung kommen läßt.

Der Körper des Weibes, das den Bären umarmt, hebt sich in lichter Zartheit von dem dunklen Fell des Tieres. Mit ganz wenigen Strichen ist die Gestalt umrissen. Der Kontur ist reiner Ausdruck sinnlicher Hingabe. Das Profil schreibt sich einer Bogenlinie ein, in der die Nase versinkt, und die Kurve, die vom Kinn bis zur Stirn emporsteigt, gleicht einer Melodie seligen Sichverlierens. So wird der Kampf des Mannes mit der Schlange zum Symbol. Die Gruppe schließt sich beinahe rein in der Kreisform. Die dunkle Haut der Schlange legt sich wie rahmend um den Körper des Mannes, der zusammengekauert den Hals des Untieres mit den Händen umschnürt.

Omega und der Bär. Lithographie. 1909.

Das Bild heftigster Bewegung ist durch die monumentale Form des Umrisses zu plastischer Ruhe gebändigt. Die Tendenz zu beinahe skulpturaler Stilisierung charakterisiert das gesamte Werk ebenso wie der malerische Reichtum der zeichnerischen Behandlung. Das Weib, das kniend mit dem Reh zu einer schönen Gruppe verschmilzt, ist dafür ebensosehr Beispiel wie der Mann, der stehend mit dem großen Vogel zum plastischen Bilde verwächst. Und das Weib, das wiederum kniend die Blumen vor das Gesicht preßt, wird in beinahe stereometrische Form stilisiert. Auf dreieckiger Basis wächst ihr Leib säulengleich empor. Die Arme legen sich gerade nebeneinander vor die Brust, und die Rundung des Kopfes krönt die Gestalt.

In solchen formalen Beziehungen allein verkörpert sich die inhaltliche Bedeutung jedes Blattes. Darum wird das Weib ein anderes in Gemeinschaft

Omega und das Schwein. Lithographie 1909.

mit den verschiedenen Wesen, denen es sich gibt. Ihre Formen runden sich, da sie das fette Schwein erblickt. Die Linien, die um den Tierleib kreisen. finden Erfüllung in der aufrecht knienden Gestalt Omegas. Schräge Balkenzüge begleiten in vielen Parallelen die Diagonale, die über den Rücken des Schweines emporsteigt zu dem Kopfe der Frau. Schwingende Kurven einer bergigen Landschaft lassen die Fülle der Formen nach oben ausklingen,

Ein deutlicher Zug zur Groteske ist nicht nur diesem Blatte eigen. Munch schildert noch einmal die Tragödie der Liebe. Aber er steht nun über seinem Stoffe. Nicht mehr dunkle Regungen läßt er ahnen, er sieht die eindeutig materielle Seite des erotischen Erlebnisses. Er spricht nicht mehr selbst durch jede Gestalt, die er bildet. Das Subjektiv-Persönliche bleibt in der Entfernung. Rein kristallisiert sich in großen Formen die Erscheinung. Und der Humor hat Raum in dieser neuen Welt.

Munchs Humor ist nicht gleichbedeutend mit Witz und Satire. Er ist kein Lachen, sondern Befreiung von der Tragik des Lebens. Humor ist in dem ersten Blatte des Werkes, da Omega den schlafenden Mann mit dem Grashalm kitzelt, Humor deutet die Erlebnisse mit Tieren mancherlei Art.

Überlegener Humor nimmt noch dem Sterben die Tragik. Werden und Vergehen sind nur mehr zwei Seiten des natürlichen Lebensganges. Das Individuum geht unter, die Art bleibt erhalten.

In der Zahl der Lithographien Munchs, die in diesen Jahren entstanden, fehlen nicht die rein humoristischen Stoffe. Einmal arbeitete er in den Anlagen von Kristiania. Es kamen Burschen, die ihn belästigten, bis er ungeduldig die Störenfriede mit dem Malstock bedrohte. Das Ende war, daß er selbst von zwei Wachtleuten festgenommen wurde. Das Erlebnis gab Anlaß zu einer Lithographie. Mit wenigen Strichen sind die zwei Schutzleute charakterisiert, ist Typus und Bewegung umrissen. Unvergleichlich ist das grobe Ausschreiten der schweren Beine wiedergegeben, und mit feinstem Humor ist dem anderen Gehen des Malers, der die Füße weit stellt, um Schritt zu halten, mit sparsamsten Mitteln Ausdruck gegeben. Munch übt nicht grausamen Spott. Es ist mehr lächelnde Erinnerung in dem Blatte, das so wenig wie andere der Art für die Öffentlichkeit bestimmt war, nur im Freundeskreis umgehen sollte.

Munch ist trotz dieser Lithographien niemals Karikaturenzeichner gewesen. Ihm fehlt die Ironie. Und er besitzt nicht die leichte Hand, die andere zum schnellen Improvisieren befähigt. Er setzt nicht rasch an zum Zeichnen. Aber hat er einmal eine Form gefunden, so besitzt er sie, und sie geht in seinen Vorstellungskreis, der nur langsam sich wandelt, dessen Motive nach geraumer Zeit noch in neuen Werken wiederkehren. Als er für den Katalog seiner Graphik, den Gustav Schiefler verfaßte, Vignetten zeichnete, gab er alte Bildgedanken in abgekürzter Form. Gleichgültige Motive zu dekorativen Zwecken zu erfinden, liegt ihm fern. Eine Form, die er einmal bildete, hat ihm für immer Bedeutung.

Die Lithographie wird in dieser Epoche für Munch die bevorzugte graphische Technik. Sie ist am unmittelbarsten Zeichnung, fügt sich am leichtesten der Absicht des Künstlers. In Holzschnitt und Radierung spricht das Material stärker mit. Dem radierten Strich eignet eine Schärfe, die nicht mehr wie in früherer Zeit durch technische Mittel verdeckt wird. Der Charakter des Striches selbst gibt der Radierung die Haltung. Das Bild badender Frauen am Meeresstrande entfernt sich in dem neuen Format weit von der alten Fassung des Themas. Der Künstler geht nicht auf die Wiedergabe des Stofflichen aus, das sich erst aus den Beziehungen von Strich und Fläche ergibt. Mit großen Formen ist ein Vordergrund gebaut. Dreiecke schichten sich empor. In fast pathetischer Monumentalität sind die sitzenden Frauen in einfach geraden Konturen beschlossen. Sie sind nicht in Schatten gelegt, nur die Schärfe der grenzenden Linien läßt sie dunkel erscheinen gegen die zarten Körper der Kinder, die draußen im Lichte stehen. In ruhiger Klarheit gibt sich die Form. Das Stehen in Vorder- und in Seitenansicht, das Sichbewegen mit erhobenen Armen, das Sichbeugen und die Linien Schwimmender sind mit einfachen Konturen umschrieben. Es ist nicht bewegliches Leben, nicht spielendes Vielerlei flüchtiger Eindrücke, sondern strengorganisierte Form. In jedem Kunstwerk waltet ordnende Kraft. Munchs Kunst ist von allem Anfang das Streben zur reinen Form immanent. Es führte zu den Vereinfachungen seiner Frühzeit. Es ist in den festen Linien und dem plastischen Bau seiner neuen Bilderfindungen am Werke. Seine lithographierten Köpfe, die Gruppen aus Alpha und Omega, glichen Skulpturen. Nicht anders baut sich die Radierung der Badenden aus lauter geschlossener Form. Wie die Elemente in beinahe geometrischer Präzision über die Fläche ausgeteilt sind, schließen sie sich zu einem Organismus, der dieser Darstellung zufälligen Lebens den Charakter des Notwendigen und Bleibenden mitteilt.

Eine andere Steigerung ins Monumentale bedingt die Natur des Holzschnitts, wie ihn Munch in dieser neuen Epoche handhabt. Niemals könnte in solchem Material das leichtere Spiel des Humors sich verkörpern. Schwerer baut sich die Fläche. Ausdruck tiefen Ernstes wohnt in starkgeschnittenen Formen. Es gibt wenig so Ergreifendes wie die großen Köpfe, die in der neuen Technik entstanden. Dem Bilde des Urmenschen eignet noch ein Zug milder Versöhnlichkeit. In den zwei Köpfen von Mann und Weib lebt mehr von der Tragik eines Schicksals als in der Erzählung von Alpha und Omega selbst. Die Radierung, die voranging, gab die zwei Profile voreinander, in der Form einer Medaille. Im Holzschnitt ist der Mann mehr von vorn genommen, der Kopf der Frau wendet sich ihm zu, ihre Konturen verwachsen zu großer einheitlicher Kurve. In starken und einfachen Zügen modelliert sich das Gesicht des Mannes. Die Schwingung des Mundes verläuft in schöner Kurve in das starke Kinn. Tiefe Schatten höhlen die Augen. Edel formt sich die Nase.

Badende Mädchen. Radierung. 1903.

Selbstbildnis. Holzschnitt. 1910.

Des Künstlers eigene Züge liegen ersichtlich dem Typus des Kopfes zugrunde. Auch ein eigentliches Selbstporträt begegnet zum ersten Male im Holzschnitt. In heroischer Steigerung sind die Formen zu monumentaler Größe stilisiert. Jeder modellhaft porträtmäßige Zug tritt zurück. Nicht die

Ähnlichkeit der Photographie, die Einmaliges gibt, ist das Ziel, sondern eine Formung, in der Bleibendes Ausdruck gewinnt. Es ist das Idealbild eines Menschen, wie es in der Erinnerung Leben gewinnt, in einer Erinnerung, die nicht Fetzen zufälliger Eindrücke bewahrt, sondern die Gesamtvorstellung einer Erscheinung.

Munchs früher Holzschnitt hätte für dieses typisierende Porträt nicht die rechte Ausdrucksform gegeben. Er suchte eine Vereinfachung, die leicht im Ornamentalen endete. Die Fläche zerlegte sich in regelmäßig linear umgrenzte Felder. Jetzt steht Helligkeit frei gegen Schwärze. Die Größe der Anschauung allein läßt die Form ins Monumentale wachsen.

Dem Sammler graphischer Kunst, der ein Blatt gern in der Nähe betrachtet und sich an Feinheiten einer schwierigen Technik begeistert, sagen die früheren Werke Munchs leicht mehr als seine jüngeren Schöpfungen. Der Künstler ging voraus. Selbst seine Freunde folgen ihm nur langsam. Sie bedauern wohl, daß manche Subtilität der Arbeit schwand. Munch mußte sie preisgeben, da andere Ziele andere Mittel wollten. Die Freiheit des Ausdrucks, die Größe der Form gibt den neuen graphischen Schöpfungen die Überlegenheit vor allen Werken früherer Zeit.

Totes Liebespaar. Radierung. 1901.

Mädchenbildnis. Radierung. 1907.

DIE KUNST UND DAS LEBEN.

DER Begriff des Ästhetischen ist nicht zurückführbar auf eine andere Kategorie. Die ästhetische Haltung ist eine Grundeinstellung des Menschen gegenüber den Dingen der Außenwelt, wie das Erkennen und das Handeln. Aber das Kunstwerk erschöpft sich nicht rein in seiner ästhetischen Wesenheit. Es geht als reales Objekt ein in den Bestand der Welt, und alle Funktionen des Subjekts lassen sich an ihm vollziehen wie an irgend einem Gegenstande sonst. Nur insofern der Künstler in seinem Werke lediglich ästhetischer Anschauung dient, ist er gelöst von jeder praktischen und theoretischen Gebundenheit.

Das Gebiet des Ästhetischen ist scharf abgegrenzt von den Funktionen des Erkennens und sittlichen Wertens. Aber das Kunstbedürfnis des Menschen ist eng verwurzelt mit allen Funktionen seines Daseins. Das Liebeswerben und der Kampf um die Existenz, der Verewigungsdrang und die Scheu vor den unbekannten Mächten nutzen die Kunst, jede auf ihre Art. Nachahmungstrieb, Schmuckbedürfnis und Mitteilungswunsch sind die Wurzeln künstlerischer Tätigkeit. Der Mensch schafft ein Abbild des Seienden und Vergehenden, er setzt ein Mal der Vergangenheit, ihr Gedächtnis der Zukunft zu überliefern. Er ziert den eigenen Körper, um ihm Überlegenheit in der Geschlechtswahl zu schaffen, und er schmückt die Dinge seiner Umgebung, um sein Dasein zu verschönen. Er teilt sich dem Mitmenschen in Gesten mit, und die Gesten werden zu Bildern, wie die Töne zur Sprache und zur Musik.

Aus diesen Urelementen entsteht das Kunstwerk, und noch in seinen letzten Höhen hat es Teil an den Funktionen, die es zeugten. Das Temperament des Künstlers, die Einstellung einer Zeit gibt einem dieser drei Grundprinzipien das Übergewicht über die anderen. Nicht so aber, daß es zum einzigen Ausgangspunkt und letzten Ziele zu werden vermöchte. Naturnachahmung allein zeugt nicht Kunst. Reine Form führt in ihrer Abstraktion nur zur geometrischen Figur. Gefühlsausdruck äußert sich in der Interjektion. Es ist begreiflich, daß stark einseitig orientierte Epochen Kunstwerke schufen, in denen eines dieser Elemente allein so sehr überwiegt, daß die Theorie, die ihnen folgt, nur dieses erkennt. Aber jede Kunstlehre irrt, die nur einen Ursprung, nur ein Ziel bildender Kunst gelten lassen will.

War die Kunst in ihren Ursprüngen eng verwoben mit dem Schaffen und Leben des primitiven Menschen, so gerät sie als spezifische Betätigung in bestimmte Abhängigkeiten, wird insbesondere der Kirche zum willigen Werkzeug. Nun erst lebt sie von fremder Gunst. Wie ein logischer Prozeß vollzieht sich die langsame Befreiung aus den Ketten einer jahrhundertelangen Dienerschaft. Kunst wird sich ihres eigenen Rechtes bewußt. Sie löst sich von dem Leben, dem sie ursprünglich gehörte. Aber sie wird rechtlos gegenüber dem Dasein, da sie nur mehr selbst sich die Gesetze gibt. Das Reich des Ästhetischen ist entdeckt. In ihm ist das Kunstwerk oberste Norm. In königlicher Einsamkeit thront die Kunst. Sie muß verkümmern, wenn sie nicht einen neuen Weg findet, der sie in das reale Dasein zurückführt und ihr in ihm wieder ein Recht schafft.

Aus sich selbst zeugt die Kunst nun Werte, die über ihr Reich hinausweisen. Sie dient nicht mehr ästhetischem Genießen allein. Sie bereichert das Leben. Ehedem borgte sie ihre Inhalte aus Religion und Mythos. Nun zeugt sie ihre Symbole, die, aus der anschaulichen Welt geboren, die Tiefen des Ethos, die Beglückungen des Erkennens deuten.

Im Wesen des Impressionismus ist die Gleichgültigkeit gegenüber dem dargestellten Stoff begründet. Die Kunstlehre, die den Stil begleitet, findet keine Handhabe, einen anderen als den stillebenhaften Wert des Werkes zu begreifen. Wahr ist, daß die artistische Behandlung allein den Maßstab zu geben vermag, insofern die Aufgabe als solche vorausgesetzt wird. Es ist gleichgültig, ob der Künstler ein Madonnenbild malt oder ein Spargelbund, wenn der schöpferische Akt erst einsetzt, nachdem das Modell gleichsam gestellt ist. Mit Recht auch wurde jede literarische Erfindung als unwesentlich abgelehnt, insofern sie ein Thema stellt, dessen künstlerische Behandlung in der Darstellung erst beginnt.

Aber es gibt einen anderen Schöpfungsakt, den man geflissentlich übersah. Michelangelo malte nicht nur die Erschaffung des Adam. Er erlebte den Augenblick als ein sichtbares Symbol. Er illustrierte nicht eine Legende, aber er schuf ein Bild, das der Vision eines Vorganges äußere Gestalt verleiht.

Der stillebenhafte Charakter des impressionistischen Kunstwerkes bannt das Gemälde in engen Rahmen. Das Bild wird zum objet d'art. Es will eine Kostbarkeit sein. Es verliert seinen Charakter, wenn es sein Format

Ehepaar Christian Gierlöff, 1914.

überschreitet. Die Kunst der Impressionisten konnte darum nicht den Weg zum Wandbilde finden. Landschaft, Porträt, Stilleben sind ihre Themen. Sie ertragen nicht jede Vergrößerung. So fielen die Monumentalaufgaben, die in der Zeit zu vergeben waren, den Vertretern einer unlebendigen Tradition historischer Kunst zu oder banalen Stilisten, die mit ornamentalem Geschick eine Wand aufzuteilen verstanden.

Nicht wenige versuchten, auf dem Wege bewußter Abstraktion von der natürlichen Gegebenheit große Bildflächen zu bezwingen. Ihren Lösungen eignet im besten Falle dekorativer Reiz. Andere vergrößerten nach akademischer Formel kleine Kompositionsskizzen zu Wandbildern, die lediglich Häufungen von Einzelstudien bedeuten und aus einer Summe von Teilen vergebens zum Ganzen streben. Die einen negierten die impressionistische

Bildformel, indem sie bewußt einer neuen Gestaltung entgegengingen, die anderen, indem sie einer Schultradition treu blieben, die längst ihr Daseinsrecht verwirkt hatte.

Auch die Poesie kennt ähnliche Entwicklung. Die Sehnsucht nach einem Stile führte alte Formen zur Oberfläche. Aber archaisierendes Wollen zeugt nicht das echte Werk. Aus den Bedürfnissen der Zeit muß die neue Form gefunden werden.

Keine Gegenwart darf ungestraft die Lehren der jüngsten Vergangenheit verleugnen. Die eigene Sprache der Zeit muß zum Stile sich steigern. Wir ertragen nur schwer noch die billigen Lügen der versteckten Exposition im Drama, aber die uralte Monumentalform der unmittelbaren Einführung ist ebensowenig anwendbar für eine Dichtung, die den Geist der Zeit atmet. Noch täuschen die neuen Stilisten mit solchen erborgten Mitteln. Die Menschen sind ermüdet von dem Zufallsspiel der impressionistischen Kunst, atmen beglückt, wo feste Form sich bietet. Aber schon ist der erste Rausch geschwunden, und Hohlheiten werden fühlbar, man spürt die Leere, die in dem monumentalen Kontur sich verbirgt.

Langsam reifen neue Kräfte der großen Form. Es handelt sich nicht um Fragen malerischer Technik allein. Die Bedeutsamkeit des Gehaltes muß der äußeren Dimension ein Recht geben. Solange Kunst heteronomen Zwecken dienstbar war, übernahm sie das inhaltlich bedeutsame Thema aus den Händen der übergeordneten Mächte, des Staates, der Kirche. Da sie sich aus jeder Knechtschaft befreit hatte, erhob sie die Belanglosigkeit des Motivs zum führenden Prinzip. Kunst entfremdete sich dem Leben und grenzte ihr Reich mit hohen Mauern gegen jede Nachbarschaft ab. Nun muß sie selbst ihre Form wieder mit Leben füllen. Sie schafft neue Inhalte. Der Künstler erlebt die Welt. Sein Schauen verdichtet sich zu sichtbaren Symbolen.

Die Stilformel brachte historische und mythologische Vorwürfe, die der konsequente Naturalismus aufs schärfste verpönt hatte, zu neuen Ehren. Aber weder die Götter der Griechen noch Walhalls Bewohner sind uns wahrhaft lebendig. Die Sonne ist uns nicht Apoll und nicht Baldur, sondern das strahlende Gestirn des Tages. Das gegenwärtige Leben ist nicht ärmer an typisch symbolhaftem Gehalt als irgend eine Vergangenheit. Es ist eine armselige Hilfe, den Gleichnissen zu vertrauen, die andere Zeiten gebildet haben.

Mädchenbildnis. 1913.   Photo Gurlitt.

Die Bilder der alten Götter sind nur mehr Zeichen, die Wissen und Aberglaube allein zu deuten verstehen. Historie ist nicht mehr Dichtung, sondern Gelehrsamkeit. Die alten Helden sind entthront, und die neue Zeit gibt ihren Großen kein ewiges Leben in Olymp oder Walhall. Sie bleiben Menschen, auch nachdem sie gestorben sind. Die heroisierte Persönlichkeit wächst nicht zu überindividueller Bedeutung. Darum stehen nicht mehr Könige und Fürsten auf den Brettern unserer Bühne. In der Vorstellung des Dichters weitet sich das Erlebnis des Alltags zum Gleichnis der Menschheit. Nicht der Begriff verkörpert sich im Einzelwesen, sondern dessen Schicksal offenbart, von den Schlacken zufälliger Sonderexistenz gereinigt, den Ewigkeitsgehalt irdischer Einmaligkeit.

Dieses ist der Weg zur neuen Größe. Im Geiste des Künstlers vollzieht sich der Prozeß einer Steigerung alltäglichen Erlebens zur Bedeutsamkeit bleibenden Symbols. Munchs Kunst ging diesen Weg. Die Reste gegenständlich illustrierender Elemente, die an manchen Stellen früher noch dem reinen Bilde anhafteten, schwinden langsam. Die dimensionalen Grenzen, die der ehemaligen Form der Gestaltung immanent waren, sind überwunden. Die Kräfte des Künstlers sind frei geworden für eine monumentale Aufgabe.

Blond und Schwarz.

Mädchen am Meer.
Aus dem Fries für das Kammerspielhaus in Berlin.

DIE UNIVERSITÄTSBILDER

Es war eine glückliche Fügung, daß in diesen Jahren eine Aufgabe an Munch herantrat, die ihm Gelegenheit bot, eine Folge von Monumentalgemälden ganz großen Stiles zu gestalten. Der Festsaal der Universität in Kristiania sollte mit Wandgemälden geschmückt werden. Ein Ausschreiben wurde erlassen, und das Preisgericht entschied sich mit zwei Stimmen gegen eine für Munchs Entwürfe. Aber es ist das Schicksal des Künstlers, daß nicht leicht seinen großen Bilderzyklen ein bleibender Platz wird. Da der eine, der seine Stimme gegen Munchs Werk erhob, der Vertreter der Universität war, wurde die Ausführung wiederum in Frage gestellt, und erst den andauernden Bemühungen einsichtiger Kunstfreunde gelang es nach Jahren, das Werk zu sichern. Lange Zeit mußte auch diesmal Munch sich begnügen, in kurzfristigen Ausstellungen die Entwürfe zu zeigen, in unzureichenden Räumen und ohne die architektonische Rahmung, für die sie erdacht waren.

Die neue Schöpfung des Künstlers steht ebenso als freie Krönung am Ausgang einer neuen Schaffensperiode, wie in den „Friesen" das Wollen einer früheren Zeit Erfüllung fand. Der menschlichen Reife des Mannes gelingt es, das individuelle Ich vollkommen einer Aufgabe unterzuordnen und doch sie in völliger Beherrschung nach eigenem Willen zu gestalten, während ehedem die gleichen Bildgedanken einer Zwangsvorstellung ähnlich sich immer aufs neue verkörperten, wo dem Künstler ein Raum zur Verfügung stand. Nicht anders unterschieden sich die neuen Porträts von denen der früheren Zeit. Auch für sie war es charakteristisch, daß der Künstler frei und unvoreingenommen dem Menschen gegenüberstand, nicht die Formel eines Individualcharakters suchte, sondern der sichtbaren Erscheinung im Bilde Gestalt gab, daß aus der Größe der Anschauung selbst die monumentale Form erwuchs, nicht durch artistische Mittel Steigerung erreicht wurde.

Die Diskussion über die Möglichkeiten des Wandbildes füllt ein gut Teil der Schriften über moderne Kunst. Prinzipien werden aufgestellt und aus dem historischen Material der angebliche Flächenzwang des Fresko erwiesen. Auf Giotto und auf die altchristlichen Mosaiken greift man zurück, um das immanente Gesetz des Wandbildes zu zeigen. Eine Entwicklung wird verleugnet, die im gesamten Bereiche der Malerei überhaupt von der Fläche in den Raum führte, bis zu den illusionistischen Kunststücken des italienischen Spätbarock. In Wahrheit gilt für das Wandbild kein anderes Gesetz als für jedes künstlerische Schaffen überhaupt. Das Format muß aus der inneren Dimension des Werkes erwachsen oder umgekehrt, wo die Aufgabe es fordert, durch die Schöpfung des Künstlers erfüllt werden. Artistisches Stilisieren in archaisierenden Formen führt nur zu dekorativem Schmuck. Und das Dekorative ist stets, auch wo es äußerlich ins Riesenmaß sich dehnt, der Gegensatz des Monumentalen. Munch führte sein Weg selbst zur monumentalen Form, nicht ein bewußter Wille. Er brauchte nicht künstlich zu steigern, da ihm das Bild unter den Händen gewachsen war und den Kolossalmaßstab verlangte, den nun auch die neue Aufgabe von ihm forderte.

Erst in den gewaltigen Dimensionen des Wandbildes findet Munchs neue Technik das Maß, daß sie braucht. Alle Gemälde der vorangegangenen Jahre erscheinen wie Vorbereitungen zu dem monumentalen Werke der

Sonne. 1910—1911.

Universitätsbilder. Wie er technisch die große Aufgabe meisterte, so war er ihr menschlich gewachsen.

Munch war sich des Sinnes seiner Aufgabe wohl bewußt. Er war nicht der Mann, die Stätte der Forschung und Wissenschaft mit gleichgültigen Dekorationen zu schmücken. Niemals erschöpfte sich ihm das Wesen der Kunst in Darstellung oder Ornament. Sein Werk ist Selbstmitteilung. Das tote Symbol klassischer Philologie kann nicht eingehen in sein Schaffen.

Aus einem neuen Dasein erwuchs ihm ein Sinnbild des Lebens, das sich zum Inbegriff und Gleichnis des Forschens und Wissens weitete. Er hat selbst die Bilder ungefähr mit diesen Worten beschrieben:

„Ich habe gewollt, daß die Wandgemälde als eine abgeschlossene und selbständige Ideenwelt wirken sollen und als bildlicher Ausdruck zugleich spezifisch norwegisch und allgemein menschlich.

Der Saal ist im Renaissancegeschmack erbaut, und ich bin der Meinung, daß die Gemälde in ihrer vereinfachenden und flächenmäßigen Behandlung sich diesem klassischen Stile anpassen sollen, daß dadurch Saal und Wandbilder einheitlich wirken werden, auch wenn der eine südlichen, die anderen nordischen Geistes sind.

Während die drei Hauptgemälde „Sonne", „Forschung", und „Geschichte" eindrucksvoll wirken sollen und reich wie ein gewaltiges Farbenbukett, sind die anderen Bilder lichter und heller gehalten, um überzuleiten zu der Wand und gleichsam selbst Rahmen zu bilden.

In den Feldern zu Seiten der „Sonne" und ihr zunächst sollen stehen: zur Linken ein Sämann, zur Rechten ein Mann, der durch den Wald seinen Weg sucht. Beide gehen der Sonne entgegen, der Quelle des Lebens und des Lichts. Die Landschaft des Sonnenbildes setzt sich in diesen beiden Stücken fort.

Die Strahlen der Sonne reichen hinein bis in die äußeren Seitenfelder: links Mädchen, rechts Jünglinge, die aufwärts streben, dem Tagesgestirn entgegen.

Die beiden folgenden Gemälde: Mädchen, die Früchte pflücken, Jünglinge, die aus einer Quelle trinken, gehören zu dem einen der großen Mittelbilder: „Geschichte" und „Forschung".

„Geschichte" zeigt in einer weiten und wie urweltlich wirkenden Landschaft einen Greis aus den Fjorden, schwer durch die strenge Arbeit eines

Geschichte. 1910—1911.

Alma mater. 1910—1911.

harten Lebens, vertieft in reiche Erinnerungen. Er erzählt einem kleinen Knaben, der versunken ihm horcht.

„Forschung" spiegelt eine andere Seite nordischen Wesens und Geistes: Sommer, Fruchtbarkeit; Forschungsdrang, Wißbegier, Tatenlust.

Auf den beiden letzten Feldern sieht man rechts einen jungen Mann und ein junges Weib, Brust an Brust, von neuen Strahlen umflossen, links beide ahnungsvoll schauend über leuchtenden Gefäßen. Beide Bilder weisen in die Zukunft."

Die Worte sind nachträgliche Deutung, nicht künstlich vorgebildetes Programm. Begriffe engen den Sinn der Darstellungen ein, spezialisieren den musikalischen Allgemeingehalt der Schöpfung zum konkreten Symbol. Es macht den Wert dieses Freskenzyklus, daß er der Deutung durch das Wort nicht bedarf. Die sinnliche Erscheinung spricht deutlicher als formulierte Begriffe der Sprache, ihr Sinn ist umfassender als eindeutige Erklärung.

Der Sinn des Ganzen soll sich ebenso im Verstande des Beschauers realisieren wie der Rhythmus der Formen in seinem Auge.

Die nordische Sonne steht im Mittelpunkte der Schöpfung. Das Licht bedeutet dem Bewohner des Nordlands mehr als den Menschen unserer Zone. Schwerer lasten die Gegensätze von Winter und Sommer. Die kalte Jahreszeit bringt Nacht und Dunkel. Doppelt empfindet der Mensch im Frühling das Wachsen der Tage, bis der Sommer kaum noch die Nacht kennt, das Dämmer des Abends unmerklich zum Morgengrauen leitet. Das Leben blüht reich auf in dieser Fülle des Lichtes, um desto tiefer in Schlaf zu versinken im winterlichen Dunkel. Droben in Kragerö erlebte Munch, der seit langem die Heimat nur für kurze Spannen Zeit gesehen hatte, den Sieg des Lichtes über die Finsternis, der ihm zum Thema des großen Bilderzyklus wurde. Einst hatte er das Dämmer der Sommernacht gestaltet und die Schatten des Winters. Nun fand er den Weg zum Lichte. Früher sah er den Menschen allein, und die Natur war nur ein Spiegel seiner Seele. Jetzt erlebt er die Natur, und der Mensch ist ihr Gebilde, das Sinnbild der Schöpfung.

Die Fackel des Prometheus, das antike Symbol des Lichtes, gab anderen den äußeren Anhalt bildlichen Schmuckes einer Stätte der Wissenschaft. Doch wer unterscheidet ohne die Erinnerungen klassischer Bildung den

Schlächter. 1913.

Mann mit dem Feuerbrand von einem Kriegsdämon? Munch malte an die Hauptwand die Sonne selbst, machte das Gestirn des Tages zum einzigen Inhalt eines gewaltigen Monumentalgemäldes. Strahlend und blendend in der Fülle ihres Leuchtens steigt die Morgensonne über den Wassern des Fjordes empor. Die malerische Pracht seiner neuen Palette gab Munch die Mittel, das Phänomen des Lichtes zu gestalten. Gelbe Strahlenbündel blitzen mit roten Feuerzungen weit über die Fläche des Bildes. Blau und grün steht dahinter der Himmel. In dem tiefen Violett der Felsen, das von dem saftigen Grün der Vegetation durchzogen ist, zucken die farbigen Lichter in intensivstem Rot und Gelb. Die ganze Atmosphäre scheint in Kreisen von Licht um den feurigen Ball der Sonne zu rotieren. Das Bild wird zu einem Meer von Farben. Das Auge schmerzt fast, geblendet durch die Macht dieses Leuchtens.

Die Physiker haben die Lichtmenge der Malpigmente berechnet und den verschwindenden Bruchteil des wirklichen Sonnenlichtes bestimmt, der dem hellsten Tone der Palette entspricht. Die Rechnung gilt nur für das physikalische Experiment, nicht für die künstlerische Schöpfung. Die Farbenphotographie allerdings versagt sehr bald gegenüber dem Lichte der Wirklichkeit. Dem Künstler vermag jedes Erlebnis zum Bilde zu werden. Munch gestaltet die Erscheinung der Sonne, indem er das Licht umsetzt in Farbe und Form. Sein Sonnenbild ist freieste Erfindung. Die natürliche Grundlage ist nicht so sehr die Erscheinung als ihr Erlebnis. Diesem inneren Gesichte, dieser erregenden Vision gab der Künstler äußere Gestalt.

In den Reihen großer Entwürfe, die Munch in Ausstellungen zeigte, als das endgültige Schicksal des Werkes noch nicht gesichert war, standen zu Seiten der Sonne der Sämann und der Pfadfinder. Sie glichen einem leiseren Intermezzo zwischen den strahlenden Bildern erwachenden Lebens, dem Eintretenden zunächst verborgen an den Schmalwänden der Hintergrundnische. Jünglinge wurden gezeigt in natürlichen Verrichtungen ländlichen Lebens, neue Motive in Munchs Schaffen, die hier zuerst anklingen, noch fremd an der Stelle, für die sie bestimmt waren.

Als Munch an die endgültige Ausführung der Wandbilder in der Aula der Universität ging, verzichtete er um der Einheitlichkeit seiner Schöpfung willen auf die beiden Entwürfe, die durch ihren symbolischen Charakter wie

Der Baum. 1910—1911.
Aus den Entwürfen für die Universitätsbilder.

durch ihr stärkeres Schwergewicht in formaler und in farbiger Beziehung an den Wänden, die ihnen zugedacht waren, eine unnötige und unerwünschte Belastung bedeuteten. Nun beherrscht das Bild der Sonne mit seinen mächtigen Strahlenbündeln ganz die schmale Rückwand des Saales, deren Anblick allein den eintretenden Beschauer empfängt. In Licht und Farbe gelöst, gebadet in den Strahlen der Sonne, tauchen Gestalten nackter Menschen und durch die Lüfte wirbelnder Kinderkörper an den Nischenwänden auf, die nun nicht mehr einen Akzent für sich bilden, sondern nur mehr eine natürliche Überleitung zu den zwei schmalen rückwärtigen Wandfeldern des Saales, die zur Rechten und Linken an die tieferliegende Nische anschließen. Die farbigen Strahlen des Tagesgestirns reichen hinein auch in diese Bilder, die mit dem Mittelstück zu einem großen Triptychon verwachsen. Nackte Jünglinge und Mädchen stehen und lagern auf Felsen des Ufers, von den Strahlen der Morgensonne umflutet, gebadet im Lichte. Das Mädchen hebt die Hände, der Jüngling reckt in gerader Horizontale den Arm. Jugendliche Menschen, die das Wissen suchen, im

181

Dunkel Geborene, die sich nach dem Lichte sehnen. So mag man die Bilder deuten. Der Ort gibt ihnen den Sinn, wie sie der Bestimmung des Raumes zum natürlichen Symbol werden. Losgelöst sind sie nichts anderes als Darstellung badender Menschen. Nur die Größe der Geste hebt sie über die Zufälligkeit täglicher Erscheinung.

Die Bewegung des Mannes fand Munch Jahre zuvor in einer Berliner Badeanstalt. Ein ungemein lebendiges Bild gab die erste Formulierung. Sicher war in ganz großen Zügen die Erscheinung umschrieben, in dem einfachen Kontraste des hellroten Körpers und des lichtgrünen Wassers der farbige Eindruck festgehalten. Die Gestalt ist beinahe wörtlich übernommen, aber in die reifere Farbigkeit gekleidet, die aus der neuen Palette gewonnen ist. Drüben antwortet eine Mädchengestalt, die mit geöffneten Armen dem Lichte sich hingibt. Unter ihr zwei andere, die eine die Augen mit der Hand beschattend, die andere hingesunken, getroffen von den heftigen Strahlen. Die Kurve ihres Rückens wird der Stehenden zur Basis, von der sie frei und groß sich erhebt. Von den Gesichtern der Menschen bleibt nicht mehr als ein Spiel farbiger Flecken. Der individuelle Ausdruck wird zurückgedrängt zugunsten der Körpergeste, die weithin vernehmlicher spricht.

Zwei große Triptychen fügen sich der Pilasterarchitektur der langen Seitenwände des Saales ein.

Eindeutiger als alle übrigen gibt sich das große Gemälde der rechten Langseite des Raumes. Der Alte erzählt dem Knaben. Munch selbst geht in der Beschreibung seines Bildes weiter als sonst, niemals nannte er es anders als „die Geschichte". So einfach ist der Sinn des Bildes, daß es nicht der Deutung bedarf.

Dem Manne stellt sich das Weib gegenüber, dem Urahn die Mutter, dem kalten Lichte des Winters die warme Helle des Sommers. Vergangenheit ist das eine, Zukunft das andere. Erfahrung des Alters und Wißbegierde der Jugend. Der Greis, der nach innen schaut, der hundert Male schon Werden und Sterben der Natur in Sommer und Winter gesehen, die Jungen, denen jede Erscheinung neu ist, die sich staunend in die Rätsel der Natur vertiefen. „Alma mater", die Mutter eines neuen Geschlechtes von Menschen.

Munch sah solche Gestalten droben in dem Fischerdorfe, in dem er lebte und schuf. Er sah den Alten, sah die mächtige Frau, die eine Schar von

Kindern zeugte. Ihr Sein verdichtete sich ihm zum Ewigkeitssymbol. Dem Beschauer ist der gleiche Weg gewiesen. Er mag nichts sehen als den alten Mann und das reife Weib, oder er mag sie verstehen als „Geschichte" und „Forschung".

Jedem der beiden Hauptbilder sind zwei Seitenstücke beigegeben, als Rahmen, denn die feierlich, rein zentral gebauten Kompositionen verlangen in ihrer breiten Dehnung seitliche Stütze. „Quelle" und „Baum" rahmen die Forschung. Zwei Jünglinge und zwei vollerblühte Mädchen ergänzen die Kinderschar der „Alma mater". Auch sie greifen eben erst in das Leben, suchen in der umgebenden Natur. Mädchen pflücken Früchte vom Baume, Jünglinge trinken Wasser der Quelle. Man mag an das alte Symbol vom Baume der Erkenntnis denken, und vom Quell des Wissens. Aber es braucht die Deutung nicht, und Munch selbst begnügte sich zuletzt mit dem Worte: „Baum" und „Quelle".

Dem Alten vom Fjord, dem Symbol der Vergangenheit, stellen sich Bilder der Zukunft zur Seite. Chemie und Physik sollten sie einmal heißen, neue Strahlen und das Land der Kristalle ein andermal. Liebe zeugt Leben. Das Mysterium der Vereinigung zweier Wesen und das Werden des Menschen. Demütig hält das Weib die Schale dem Manne. Dämpfe steigen auf, Wesen entstehen. An dieser einen Stelle entdeckt man ein unsinnliches Element, eine zu eindeutige Beziehung, und gegenüber dem ersten großen Entwurf, der mit Kolben und Retorten das Gleichnis der Chemie noch materieller veranschaulichte, weist die endgültige Fassung erhebliche Vereinfachungen auf. Nur andeutungsweise noch sind die kleinen Lebewesen gegeben. Die Beziehung von Mann und Weib wird zum alleinigen Thema der Darstellung.

Das Ganze schließt sich zu einem vielstimmigen Gesange, der heißen könnte: Mensch und Natur oder Licht und Leben. Die Sonne, die über dem Fjord emporsteigt, beherrscht die Welt, die hier erschaffen wurde. Die Erfindung dieses Zyklus ist eine Leistung hohen Ranges. Das gerade macht ihn groß, daß er auf kein erklügeltes Programm sich baut. Geistreiche Beziehungen zu erdenken, ist wahrlich nichts, das des Rühmens wert wäre. Weitgesponnene Anekdoten sind zur Genüge in monumentaler Form verewigt worden. Munchs Welt ist ganz aus der Vision entstanden. Wer sie nur intellektuell betrachtet, wird ihren Inhalt ärmlich finden, wie der

Umkreis der Themen überhaupt in Munchs Schaffen eng begrenzt ist. Er ist es, weil Munch niemals Literat war — sehr zu Unrecht hat man ihn so genannt, — sondern immer Maler blieb. Auch die Musik kann nur eine begrenzte Skala analysierbarer Gefühle gestalten, und literarische Programme oder Operntexte erniedrigen sie zur Illustration.

Munchs Universitätsbilder sind alles andere als Illustrationen eines gedanklich formulierten Stoffes. Aus der Freude des Malers an der umgebenden Natur sind sie entstanden, und wächst ihnen symbolhafte Bedeutung zu, so stammen sie selbst doch aus der Sphäre einfachster, allgemein menschlicher Beziehungen.

Als Munch von langer Krankheit genesen, mit neuer Frische und Schaffensfreude die Welt sah, ward ihm dieser Auftrag. Er ward ihm zu einer Stunde, als seine Kräfte ins Große und Weite strebten. Ein Leben voll Arbeit lag hinter ihm. Nun fühlte er sich fähig, große Flächen zu bewältigen, und mit einer Sicherheit führte er den breiten Pinsel, daß die Freude des Schaffenden unmittelbar überspringt auf den Schauenden.

Draußen im Freien sind die Bilder entstanden, und sie sind voll von dem Lichte nordischen Sommers. Jedes der großen Gemälde, die 4,5 × 11,5 Meter messen, entstand nacheinander in zwei Fassungen, ein Jahr lang hingen die riesigen Leinwände draußen in Regen und Schnee. Der Künstler ist unbekümmert genug, das ausgeführte Werk dem möglichen Untergange preiszugeben, weil er die Kraft in sich fühlt, es neu zu gestalten.

Zu Versuchszwecken malte Munch dann die Reihe auf ein Viertel verkleinerter Wiederholungen, deren formale Abweichungen an manchen Stellen der endgültigen Fassung zugute kommen sollten. Nach jahrelangem Kampf nahte endlich der große Tag, an dem die Gemälde ihrem eigentlichen Bestimmungsort zugeführt wurden. Im Festsaale der Universität wurde das unvergleichliche Werk vollendet. Kristiania darf seither sich rühmen, die gewaltigste Schöpfung neuzeitlicher Monumentalmalerei in seinen Mauern zu bergen.

Auch den, der die Bilder seit Jahren kannte und ihre Entstehung verfolgte, überwältigt der Eindruck des Raumes, wie er geschlossen sich bietet. Feierlich und strahlend, großartig und ernst, und zur gleichen Zeit heiter und festlich empfangen Munchs Gemälde den Beschauer, geben dem Raume die Weihe seltener, hoher Kunst. Es scheint, als könne in diesem Saale nichts

Unedles geschehen, als dürfe hier kein nüchternes, kein triviales Wort gesprochen werden. In vergangenen Jahrhunderten hat nur in kirchlichen Gebäuden ein oder das andere Mal Kunst solche höchste Wirkung entfaltet, den Menschen zur Andacht zu zwingen, seine Sprache zum Flüsterlaut herabzustimmen. So darf in diesem neuen Festsaale nur der reine Ton sich vernehmen lassen. Es ist der ideale Raum für die Aufführung großer Musikwerke. Der Mensch, der hier eintritt, der willig sich dem Eindruck der mächtigen Wandbilder hingibt, ist vorbereitet, ganz in einem Kunstwerke aufzugehen, das vollends ihn der Welt des Alltags enthebt.

Selten wurde einem Meister unserer Zeit die Aufgabe gestellt, die ihm gebührt. Hier wurde die Kunst von der unseligen Freiheit erlöst, die sie dazu verurteilt, nur sich selbst zu dienen. Es wurde ihr eine natürliche Bestimmung zu teil, und siehe da, an der äußeren Zweckforderung, an dem Zwange einer Bindung entfaltete sie sich zu höchster Leistung.

Norwegische Landschaft. Neue Fassung 1910.

Felsenküste. 1916.

DER WEG ZUM ALTER.

JEDES Menschen Zeit ist bemessen. An jedem Menschen vollzieht sich der Stufenwandel der Lebensalter, und wie er selbst emporschreitet in den Jahren, so schreitet die Zeit an ihm vorüber. Aus Jugend wird Alter. Aber der Mensch bleibt doch zuinnerst der gleiche, wenn ihm das höchste Gut, wenn ihm Einheit der Persönlichkeit zuteil wurde. Generationen lösen einander ab, und der einstmals in vorderster Reihe stand, tritt zurück, wenn Jüngere auf neuen Wegen nach neuen Zielen drängen. Stärke bewährt die Jugend im Wagemut einsamen Pfadfindens, bewährt das Alter in der Geschlossenheit der Persönlichkeit, die sich nicht beirren läßt durch das Feldgeschrei der Jungen, die ohne Klage das Schicksal zweiter Einsamkeit erträgt.

Was einstmals die eigenste Leistung des Einen gewesen, wurde zum Gemeingut Vieler. Munchs Schöpfung fand Bestätigung in einer Nachfolge, die ihn verleugnete, da ihr bald selbstverständlich schien, was zur Zeit der entscheidenden Tat des Führers vermessenes Wagnis gewesen. Der Damm war gebrochen, breit strömte eine Flut ungeahnt neuer Möglichkeiten in das Reich der Kunst.

Munch war diesen Ereignissen kein unbeteiligter, aber er war ihnen ein ferner Zuschauer. Anderen blieb es vorbehalten, aus seinem Werk Folgerungen zu ziehen, die einer jüngeren Generation ebenso naturnotwendig erschienen, wie sie dem Wege des Älteren fern lagen. Hätte Cézanne ein Jahrzehnt länger gelebt, er hätte wohl seine treuesten Jünger enttäuscht, denn nicht er wäre zu der Konsequenz des Kubismus gelangt, der in engstirniger Systematik die unausweichliche Folge seiner letzten Werke zu ziehen meinte.

Arbeiter. 1915.

Freier Künstlerschaft gegenüber versagt theoretische Doktrin. So wendet sich die Lehre des Expressionismus wider ihren eigenen Urheber, der niemals einer Richtung verschrieben war, beschuldigt ihn der Abtrünnigkeit, weil er den Gesetzen ihrer Normen schaffenden Ästhetik sich nicht fügt, weil er vorurteilsfrei allein dem inneren Drange des eigenen Talentes vertraut.

So steht in veränderter Umwelt der Künstler, der dem sechzigsten Lebensjahre sich nähert. Was einstmals kühnstes Wagnis war, erscheint vertraut, veraltet einer Generation, deren Kunst durch ein Dutzend „Richtungen" bis in den tollsten Unfug der Dada-Jünger gehetzt wurde. Aber wo die „Richtung" siegt, wo die allmächtig gewordene Theorie wie Mehltau tötend sich über frische Keime legt, da versagt das Werk, versagt die Persönlichkeit ihre Wirkung.

Wie die Zeit sich wandelte, so der Mensch. Der Jüngling von einst ward zum Manne. Die Höhe des Lebens wurde überschritten, und der Mann nähert sich der Schwelle des Alters. Naturgesetz scheidet die Lebensalter, gleich den Zeiten des Jahres. Aus herbem Frühling wird heißer Sommer, aus gleißendem Sommer üppiger Herbst, der das Laub der Bäume in glühenden Farben strahlen macht, der alle Früchte in Süßigkeit reifen läßt. Der pessimistisch weltverneinende Zug kämpferisch gestimmter Jugend weicht milderer Lebensbejahung des Mannesalters, das der Selbstsucht zu entsagen beginnt. Die lyrische Grundstimmung eigenwilliger Ichdarstellung wird abgelöst von einer allem Seienden gleichermaßen zugewandten epischen Freiheit.

Jede innerlich ganze Persönlichkeit folgt dem Gesetz solcherart harmonischer Auswirkung. Die eigene Entwicklung mag die Richtung gegen ihre Zeit nehmen, sie ist immer untertan der Notwendigkeit stetiger Auswirkung. Was Jugend vermochte, ist dem Alter versagt. Aber der schöpferische Mensch, dessen innere Kräfte stark genug sind, in langem Leben immer sich zu erneuen, entfaltet reichste Möglichkeiten seines Schaffens, erst wenn die Jahre der Reife gekommen sind.

Die Kunst Knut Hamsuns, dessen Lebensweg in vielem dem seines Landsmanns Edvard Munch glich, nahm eine ähnliche Richtung. Die Liebesbücher, die er in seiner Jugend schrieb, sind getragen von lyrischer

Halbakt.

Schwermut. Niemals später fand er den gleichen Klang voller, weicher Mollakkorde. Aber der Mann machte sich frei von den engenden Schranken des eigenen Ich, er erkannte den Menschen, näherte sich der Natur. Liebe und Haß schwinden aus seinen Büchern. Das Schöne gilt ihm gleich wie das Häßliche, das Niedere wie das Hohe. Überall wird ihm die Welt reich und erhaben. Aus einer von Zwangsvorstellungen gequälten genialischen Jugend wächst die epische Größe eines freien Geistes, der entsagend sich der Allmacht der Natur hingibt. Je unscheinbarer der Gegenstand, um so breiter und großartiger wurde der Stil. Nicht eine einzelne Gestalt wird plastisch modelliert, die Umwelt nicht räumlich gezeichnet. In einheitlicher Ebene bewegen sich die Gestalten, kleine und große, formen sich Landschaft und Himmel, bilden sich Raum und Zeit.

So verlief die Entwicklung von Edvard Munchs Kunst. Wenn die Lebensangst, die Hamsuns „Hunger"-buch ergreifend durchklingt, in seinen frühen Schöpfungen ihr Widerspiel fand, so gibt Hamsuns „Segen der Erde" den Grundton, auf den die späten Werke des Malers gestimmt sind. Munch malt jetzt eine heitere und festliche, eine sonnige und farbige Landschaft. Er malt die Tiere und die Menschen, aber er sieht nicht wie einstmals im Menschen das Tierische. Ihm ist das Pferd jetzt ein Wesen, ebenso gottähnlich, ebenso erdennah wie der Mensch, der es führt. Er spricht nicht mehr in Gleichnissen, wie oftmals früher. Er nimmt die Dinge und die Menschen unmittelbar in ihrer einfachen Gegebenheit. In einem anderen Sinne und in höherem Maße ist er Maler geworden, und Bedeutung wächst dem Gegenstande seiner Kunst natürlich zu.

Adler. Lithographie. 1909.

DIE JÜNGSTEN WERKE

In dem einsamen Fischerstädtchen Kragerö, wohin er übersiedelte, als er sich nach seiner Genesung wieder der Heimat zuwandte, erlebte Munch eine Zeit reichsten, beinahe fieberhaften Schaffens. Hier vollendete er die Reihe der großen Männerporträts, schuf eine Anzahl neuer Landschaftsbilder, malte die Arbeiter und entwarf schließlich die großen Wandgemälde für die Universität. Über dem Fjord von Kragerö sah er die Sonne emporsteigen, und hier wuchs ihm die Konzeption des zentralen Bildes. Menschen, denen er in Kragerö täglich begegnete, wurden ihm zu Trägern der großen Allgemeinvorstellungen, die sich in den Gemälden der „Forschung" und „Geschichte" verkörperten.

Zwei Jahre verbrachte Munch ganz in der Einsamkeit seines „Skrubben", wo er als ein Fremder unter dem einfachen Fischervolke lebte. Langsam zog es ihn wieder zu den Menschen. Nicht in die Stadt mit den künstlichen Erregungen ihres Daseins, aber in die Nähe von Wesen, deren Leben sich mit dem seinen verknüpfen konnte. An einer der schönsten Stellen des Kristianiafjords, in Hvitsten, erwarb er eine Besitzung mit Obstgarten und Spargelbeeten, mit einem eigenen Hafen am Meer und einem Stück Wald, der bergan ins Land hinein führt. Allerlei Federvieh lebt auf dem Hofe. Truthühner und Gänse sind der besondere Stolz des Besitzers. Ein Pferd hat im Walde seinen Stall. Seit Munch sein Herr wurde, hat es nicht oft mehr den Wagen gezogen. „Je älter ich werde," sagte er einmal, „desto mehr schwindet für mich der Unterschied zwischen Tieren und Menschen." So ist auch das Pferd ein Glied der großen Familie, die Munch umgibt, und der drei Hunde als seine treuesten Begleiter gehören.

Aber künstlerisch fand Munch in Ramme, seinem Hause bei Hvitsten, nicht sogleich eine neue Heimat. Von Zeit zu Zeit kehrte er nach Kragerö zurück, wo eine Reihe von Bildmotiven verwurzelt war, an denen er weiter arbeitete. Und er flüchtete vor den idyllischen Linien des Fjordes in ein reizloses Städtchen, wo er ein großes Haus mit vielen Zimmern bezog. Grimsröd bei Moß wurde für eine Reihe von Jahren der ständige Aufenthalt des Künstlers. Es war die neutrale Stelle, die er brauchte, um sich zu sammeln, um fern von der Unruhe neuer Eindrücke innerlich zu verarbeiten, was die große Einsamkeit von Kragerö ihm gegeben hatte.

Munch war niemals seinen Erinnerungen untreu geworden. Eindrücke, die ihn einmal tief berührten, wirkten für immer in ihm fort. Er gehört nicht zu denen, die mit den Dingen rasch fertig werden. Er ist anhänglich und pietätvoll. Er gibt nicht leicht die alten Freunde preis. Noch heut trennt er sich nicht von dem kleinen Fischerhäuschen in Aasgaarstrand, wo er zum ersten Male die Natur seiner Heimat fand. Seine alten Bildmotive gehen ihm nach, und er ist selbst der treueste Sammler und Hüter seiner Werke. Liebhaber und Händler umdrängen ihn. Aber es war immer seine Art, durch Preise zu schrecken. Als er noch in ärgster Not war, pflegte er es so zu halten. „Meine Preise sind zu hoch", sagte er, wenn man wissen wollte, warum er nicht verkaufe, um zu leben. Und heut, da man bereit ist, zu

Kniendes Mädchen.

zahlen, was er fordert, rettet er sich, indem er die Mehrzahl seiner Bilder als unverkäuflich bezeichnet.

Munch braucht seine Werke. Eines wächst ihm aus dem anderen. Und er braucht seine Häuser, an die sich Erinnerungen und künstlerische Vorstellungen knüpfen. Oberflächliche Naturen erschöpfen rascher einen Stoff oder eine Landschaft. Sie gehen schnell von einem zum anderen und borgen aus neuen Motiven äußere Reize. Munch arbeitet schwerer. Er geht lange um die Dinge herum, bis sie ganz sein Besitz werden, bis sie in seinem Vorstellungsleben Gestalt gewinnen, und nun erst aus innerer Vision die äußere Form erwächst. Darum ist Munch weder ein Porträtmaler noch ein Landschafter im gewöhnlichen Sinne des Wortes. Er findet sich nicht rasch vor jedem Modell. Er arbeitet in höchster Nervosität, wo sein Gegenstand ihm noch nicht vollkommen vertraut ist. In einer unnatürlich gesteigerten Gesprächigkeit äußert sich das bei Porträtsitzungen vor fremdem Modell, während in äußerster Schweigsamkeit und fieberhafter Anspannung die Bildnisse vertrauter Freunde entstanden.

So fühlte sich Munch auch von der Natur in Hvitsten beunruhigt, solange er sie noch nicht zu eigen besaß und völlig beherrschte. Er malte Bilder von Badenden auf den großen, roten Steinen der Meeresküste. Aber aus den Studien wuchs erst langsam das reife Werk. In flüchtigen Skizzen bereiteten sich große Kompositionen vor. Menschen, die zum Lichte erwachen, sind das Thema eines Bildes, das in monumentaler Form, ähnlich den Universitätsfresken, seine letzte Erfüllung finden könnte.

Inzwischen gab Grimsröd Munch die Ruhe vor den neuen Eindrücken, deren stete Gegenwart quälend wirken mußte. Hier fand er im nahen Umgang mit den einfachen Menschen seines Hausstandes und mit den Tieren, die ihn umgaben, eine Welt, die ihm vertraut ward und zu neuem Schaffen anregte.

Der Künstler schweift nicht mehr in alle Weiten. Er findet um sich in nächster Nähe allen Reichtum, den er früher in den großen Städten und fernen Ländern suchte. Seine Tiere sind seine täglichen Begleiter, die Haushälterin das nächste Modell. Der alte Wärter, der die Hunde und die Hühner pflegt, kehrt in Bildern und Zeichnungen wieder. Das einfache Verhältnis, das diesen Menschen mit der Natur verbindet, übt tiefen Eindruck auf den Künstler. Er pflegt die Tiere und er tötet sie. Er ist ihnen ein gütiger Vater. Aber Mitleid bleibt ihm fremd. So liebt Gott die Menschen, aber er weiß nichts von dem ethischen Gesetz, das diese bildeten.

Solche Gedanken schwingen mit, wenn Munch den Alten zeichnet mit einem Tier im Arm, oder ihn als Schlächter malt mit dem Beil und der toten Ente in den Händen. Sie brauchen nicht über die Schwelle des Bewußtseins zu treten, und wer die Bilder sieht, muß sie nicht kennen. Aber er empfindet vor ihnen die Ausgeglichenheit eines Menschen, der mit dem Leben versöhnt ist, der ruhig der Erscheinung sich hingibt, ohne zu rechten und ohne zu werten.

Die alten Schiffer, die Munch an der Ostseeküste malte und zeichnete, wurden sichtbarer zu symbolhafter Übermenschlichkeit gesteigert. Der alte

Mann mit Pferd. 1917.

Wärter ist unmittelbarer Porträt, und innerlicher ist die Größe, die ihm aus der Anschauung des Künstlers erwächst. Aus flächenhaft breiten Pinselstrichen baut sich ein Antlitz, in dem keine Einzelform mehr modelliert ist, weil es nur noch als Gesamteindruck gefaßt wird. Wie in einem plastischen Kopfe, der reine Form geworden ist, kein Platz beibt für eingeritzte Pupillen, und doch das Auge lebendiger ist, als es durch zeichnerische Mittel zu werden vermöchte, so blicken die Augen des Alten, die ganz in ihren Höhlen schwinden, tiefer als die sichtbaren Pupillen anderer Bilder. Das rein Animalische der Natur rückt immer mehr in den Mittelpunkt von Munchs Interesse.

Ein neues weibliches Modell, das in den Werken aus Grimsröd auftaucht, charakterisiert am besten das andere Verhältnis des Künstlers zur

Welt und zum Menschen. Ehemals war ihm das Weib die Sphinx gewesen, das große Rätsel der Schöpfung. Sein Ideal näherte sich leicht dem Typus. In drei Grundformen inkarnierte sich ihm das Wesen der Weiblichkeit überhaupt. Er band sie zusammen zu einer Dreigestalt, die er selbst die Sphinx nannte. Noch in einer der Vignetten zu Alpha und Omega kehrte ein letztes Mal, einer Blume gleich, dieses dreiköpfige Wesen wieder.

Aus der fast krankhaft gesteigerten Vorstellungswelt jener Zeit ist der Künstler nun befreit. In Kopenhagen malte er die Krankenschwestern, die ihn gepflegt hatten. Er sieht hier Frauen als mütterlich sorgende Wesen. Er gibt sie in einfachen Verrichtungen, wie sie große Linnentücher breiten, und er zeichnet ihre Köpfe in zarten Radierungen. Aber erst in der Heimat findet er das weibliche Modell, dessen gesunde Formen ihm zu einem neuen Ideal der Frauenschönheit sich steigern.

Munchs malerischer Stil hat seit der Arbeit im monumentalen Format nochmals an Breite und Fülle gewonnen. Der pastose Farbauftrag, der die großen Porträts kennzeichnete, ist überwunden, aus den Flecken und Strichen wachsen wieder breite Flächengebilde zusammen, die nicht wie in der früheren Zeit sich in scharf umrissenen Inseln gegeneinander absetzen, sondern zu malerischer Einheit im Bilde verschmelzen. In der Modellierung eines Kopfes bleibt kein Rest mehr von der Gewaltsamkeit, die den großen Männerbildnissen ihre Stärke gab. In einfacher Natürlichkeit ist die Form gebildet. Die Modellierung vollendet sich ganz in der Farbe, die in dünner Schicht nur die Leinwand deckt. Die fast brutale Gewalt der Farbmaterie schmilzt zu weicheren Tönen. Die Zeichnung ist gesättigt von Energie, aber in der Linie ist nichts mehr von der abstrakten Schärfe, die in den graphischen Umsetzungen rein herausgestellt wurde.

Zart und schön runden sich in diesen neuen Bildern die Formen. Die Farben sind schmeichelnd wie Perlmutterflächen. Der Pinselstrich ist wieder schmiegsam geworden. Er wird nicht zage, da er das Liebliche bilden will, wie in Frauenbildnissen, die zwischen 1902 und 1906 entstanden sind. Aber die Härte selbst ist geschwunden. Aus dem Charakteristischen wird das Schöne.

Renoir fand als Greis ähnliche Wege. Merkwürdig nähert sich ihm Munch zuweilen in der weichen und süßen Farbigkeit und der gerundeten

Landschaft.

Form, die niemals zu eigentlicher Plastik sich steigert. Die Malerei ist in ihrem Mittel so rein erkannt wie die Plastik in dem ihren. Und es ist kein Zufall, daß auch Munch in neuester Zeit sich an einem skulpturalen Werke versuchte, wie Renoir es noch in hohem Alter tat.

Grimsröd war eine Zuflucht gewesen und ein Übergang. Munch suchte Ruhe vor einer Natur, die ihn allzusehr bedrängte, und er näherte sich wieder den Menschen, die er nun leichter ertrug, nachdem er sich Jahre hindurch beinahe ganz ihres Umganges entwöhnt hatte. 1915 bezog er ein neues Haus in einer Vorstadt Kristianias. Das Leben der Stadt, in dem er zuvor die Gespenster einer stürmisch bewegten Vergangenheit gesehen hatte, beunruhigt ihn nun nicht mehr. Was früher subjektives Erlebnis gewesen, wird zur objektiven Anschauung. Gesichte der Jugendzeit tauchen in neuen Werken wieder auf. Der Tod Christian Jägers gibt das Motiv zu einer ganz kühnen Schöpfung, die aber nichts mehr mit der unmittelbar packenden, fast beängstigend nackten Wirkung früherer Todesdarstellungen gemein hat. Die Stimmung löst sich ganz in einer farbigen Rhythmik. Aber neue Kühnheiten erscheinen. Ein Tisch wird gleichsam durchsichtig, wie Schatten bewegen sich die Menschen um ihn. Munch hatte es niemals aufgegeben, zu „experimentieren". Immer wieder entstanden neue Versuche auf alten Wegen, wie Munch niemals auch gesonnen war, seine Vergangenheit zu verleugnen.

Die neuen Wege und die alten Motive lagen stets eng gepaart in Munchs Schaffen. Er fühlt sich jeder seiner Schöpfungen innerlich verbunden, und jener „Fries des Lebens", den er in seiner Jugend geschaffen hat, geht ihm noch heute nach. Er empfindet es als eine Schuld gegen sein Werk, daß die Teile zerstreut wurden, ergänzt sie durch Wiederholungen und wirbt um einen Platz, an dem das Ganze in seiner ursprünglich gewollten Geschlossenheit die Ruhe finden könnte, die ihm bisher versagt geblieben ist.

Aber wenn der Künstler noch heut in seine alte Vorstellungswelt zurückzukehren vermag, wenn das Erlebnis von Kragerö, das in den Universitätsbildern seine Krönung fand, ebenfalls in ihm nachwirkt, so ist seine eigentliche künstlerische Heimat doch eine andere geworden. Er hat die neue Landschaft gefunden, die Hvitsten ihm erschloß, und er entdeckte die Schönheit des Menschen in seinen natürlichsten, seinen einfachsten Verrichtungen, des Menschen im Umgange mit den Tieren und darüber hinaus mit nichts anderem als der Erde selbst. Gleich Hamsun flüchtete Munch aus der Zerrissenheit der menschlichen Seele in die Einfachheit und Größe der Natur in den Bildern, die er in Sköien bei Kristiania gemalt hat.

Motive, wie sie in den beiden Jünglingen der Universitätsentwürfe, dem Säenden und dem Pfadfinder zuerst auftauchten, die dann wieder verworfen wurden, nicht nur weil sie nicht ganz natürlich und notwendig dort an ihrem Orte standen, sondern vielleicht auch darum, weil Munch empfand, daß die neuen Vorstellungen noch nicht weit genug in ihm ausgereift waren, um die Steigerung zur monumentalen Form zu ertragen, solche Motive erscheinen jetzt zahlreich in dem neuen Werk. Männer mit Pferden auf dem Acker, Männer, die das Feld bestellen, stehen in dem

Bildnislithographie. 1919.

Mittelpunkt neuer großer Gemälde von einer strahlenden Leuchtkraft der Farben, einer prachtvoll großflächigen Modellierung. Und Munch fand in der Landschaft von Hvitsten, die in immer neuen Bildern sich verkörpert, eine letzte und die großartigste Ausdrucksform für die Natur seiner Heimat.

Die nordische Landschaft ist niemals eindrucksvoller, niemals gewaltiger geschildert worden als in diesen mächtigen Gemälden mit den perlmutterschimmernden riesenhaften Felsblöcken, auf denen der Schnee sich türmt oder eben leise zerschmilzt, der ruhigen Fläche der See und dem kühlen Winterhimmel darüber. Solche Werke bedeuten eine neue Vollendung, und sie künden eine letzte Reife.

Auch die Radierung, die diese Bilder begleitet, hat eine neue Form angenommen. Der tiefgeätzte, offene Strich entsprach der energischen Pinselschrift, die pastos Farbfleck an Farbfleck reiht. Die breit in der Fläche vertriebene Materie findet in Tonwerten ihr Gleichnis, die aus stärkeren und schwächeren, dichteren und sparsameren Strichlagen zusammenwachsen. Ein Mädchenkopf, der in Paris entstand, bezeichnet zuerst mit Entschiedenheit das neue Wollen. Die Nadel streichelt die Fläche, wie der Pinsel es tut. Sie fährt wie eilend hierhin und dorthin, legt leichte Schatten und bildet tiefe Schwärzen. Die schwierige Zurichtung der alten Radierungen glich einer Malerei, die mit Lasuren schichtenweis arbeitet. Der grobe Strich der späteren Blätter wollte ähnliche Wirkungen wie die derb und prima mit breitem Pinsel und Spachtel gemalten Bilder. Nun kann die Radierung wieder reicher werden. Sie gleicht in der Fülle des Tones den frühen Blättern, wie dem prachtvollen „Kuß". Aber das Mittel, mit dem die Wirkung erzielt wird, ist ebenso durchsichtig und einfach wie der offene Pinselstrich der Gemälde. Keine Linie ist Zeichnung, jede gibt Ton. Die Augen tiefen sich in schattenden Höhlen. Die Strichlagen spielen in Bogen und Geraden. Sie sind nicht Kontur. Sie machen die Fläche lebendig. Sie zeichnen nicht Brauen und Wimpern. Aber das Auge blickt, die Nase gewinnt Form, leicht schwillt der Mund, und das dunkle Haar schließt sich zur farbigen Masse. Munchs erste Radierung war mehr Modellierung, die späteren mehr Zeichnung. Was in beiden ihm vorschwebte, erfüllt sich hier: die äußerste Belebung der Form mit dem reinsten zeichnerischen Mittel.

Ähnlich nähert sich die Lithographie der reinsten Form der Zeichnung. Scheinbar jeder Absicht entbunden ist die Bildung eines Kopfes. Es wird nicht mit durchsichtigen Mitteln charakterisiert, nicht eine Form auf Kosten der anderen gesteigert. Das Innere enthüllt sich scheinbar selbstverständlich

Mädchenbildnis. Radierung. 1913.

in der äußeren Form. Munch war niemals ein Porträtist im landläufigen Sinne des Wortes. Er hat gelegentlich ein äußerliches Porträt gemalt, wenn er einem Auftrage nicht entgehen konnte. Von sich aus vermochte er nur zum Stifte zu greifen, wenn ein menschlicher Zug ihn packte, und ihn sah er, ihn zeichnete er, ihn machte er sichtbar durch die Maske der alltäglichen Gesichtszüge, hinter der die Menschen sich verbergen. Wenn Munch ihnen einmal gegenübersaß, sind die Menschen „gezeichnet" in jenem zweiten Verstande des Wortes. Man ahnt ihr Erleben, wie der Künstler es im Erfassen ihrer Wesenheit intuitiv erschaute.

Darum sind Munchs späte lithographierte Porträts so einfach in ihrer äußeren Erscheinung, so menschlich ergreifend dem aufmerksamer verweilenden Blick. Die Materie ist schmelzend und weich wie die Farbe seiner schönsten gleichzeitigen Bilder. Es ist nicht mit Kontrasten gearbeitet wie in früheren Steindrucken, nicht mit den Gegensätzen der Tuschlagen und der Kreidetöne. Vom zartesten Grau zum tiefsten Sammetschwarz klingen die Farben der einen Skala leicht ineinander, spielen rhythmisch in der Fläche, indem sie Form schaffen und Raum deuten.

Munchs Zeichnung wuchs ebensosehr an äußerer Größe, wie sie an innerer Dimension gewann. Seine neuen Blätter fügen sich nur schwer noch den Mappen der Sammler. Sie verlangen nach der Wand, wie sie Hinweise sind auf Gemälde großen Formates. Natürliche Monumentalität wächst Munchs Gestalten zu. Wenn er ein paar einfache Arbeiter zeichnet, die er in einer Straße gesehen hat, so fügen sich die Kurven in heftiger Anspannung bewegter Körper zu einem ausdrucksstarken Ornament. Sie klingen wie Musik, wie Rhythmus der Arbeit selbst in der Fläche, und sie sind so sehr beseelter Schwung, daß alles einmalig Individuelle, alles Anekdotische aufgeht in der Allgemeinvorstellung menschlicher Arbeit überhaupt.

Es wäre falsch, darum zu glauben, Munch habe bewußt auf solchen Eindruck abgezielt. Ihn interessiert immer das unmittelbar visuelle Erlebnis, und erst im Prozeß der künstlerischen Formung löst sich ihm das Einmalige ins Allgemeingültige. Munch vermag in Entzücken zu geraten vor Erscheinungen einfachster Menschlichkeit, an denen andere achtlos vorübergehen. Er ist naiv wie ein Kind in seiner leidenschaftlichen Anteilnahme für Ereignisse der Umwelt, und in Blättern scheinbar allgemeinsten

Inhalts hat für ihn jeder Schatten einer Gestalt noch im fernsten Hintergrund eine besondere Bedeutung und Funktion im Zusammenhange bildlicher Erzählung.

Die alten Vorstellungen von Todesangst und gewaltsamem Sterben werden durch das ferne Erlebnis grausamen Krieges und blutiger Revolution zu neuem Leben erweckt. Es entstehen Holzschnitte, die an frühere Formungen ähnlicher Bildthemen anklingen. Aber es ist nun nicht mehr eigenes Erleben, nicht mehr Selbstdarstellung innerster Gesichte und schreckhaft dem Gemüt eingeprägter Ereignisse der nächsten Umwelt. Es ist der Widerhall fernen Geschehens, der in symbolhaft gewordenen Bilderfindungen Gestalt gewinnt. Ähnlich wie Radierung und Lithographie gewinnt das Material des Holzschnittes nochmals an Einheitlichkeit der Durchbildung. Eine Fläche wird überall gleichmäßig in rhythmischer Abfolge des Schwarz-Weiß gestaltet. Weniger als früher ist mit formgebend zeichnerischen Mitteln gearbeitet. Von dekorativen Wirkungen und der Erinnerung an silhouettenhaften Scherenschnitt ist Munch jetzt ganz weit entfernt. Mit dem Messer sind unmittelbar die Lichter aus der schwarz druckenden Fläche des Holzes herausgehoben, um sich — gleichwie die Farben des Gemäldes — erst im Fernbilde zum Eindruck von Körper und Raum zu schließen.

So nahm auch Munchs Holzschnitt die letzte Wendung zum freien malerischen Stil, der ihm von kurzsichtigen Zweiflern als Rückkehr zum Impressionismus verargt wurde, der in Wahrheit in jeder langreichenden künstlerischen Entwicklung die Reife nahenden Alters bezeichnet.

Munchs Werk ist noch nicht abgeschlossen, und es steht dem historischen Berichte nicht an, seinem künftigen Schaffen Gesetze zu schreiben. Der Historiker ist ein Prophet nur in seinem Reiche. Wo er Anfang und Ende sieht, ist es ihm leicht, die Linie zu ziehen, die beide verbindet, und aus der Richtung des Weges die Notwendigkeit seines Verlaufes zu erschließen. Zweimal hatte sich Munchs Kunst in Werken erfüllt, die dem Suchen und Wollen einer Epoche seines Schaffens sichtbaren Abschluß gaben. Wieder setzte eine neue Produktion ein.

Es wäre ein Unrecht, Letztentstandenes preisen zu wollen, um frühere Schöpfungen herabzusetzen. Aber aus neuer Gärung reift eine Größe, die das alleinige Vorrecht des Alters ist. Man preist heut leicht und allzu willig die Jugend. Der wahre Meister bewährt sich in der steten Erneuerung vom Jüngling zum Manne, von der Reife zum Alter. Munch steht nun im sechzigsten Lebensjahre, und es scheint, daß seine Künstlerschaft Zeugungskraft genug besitzt für ein langes und erträgnisreiches Alter. Noch fehlt dem Kapitel, das von den „jüngsten Werken" handelt, die Krönung durch eine Schöpfung, die für die neue Epoche seines Schaffens die gleiche Bedeutung besäße wie der „Fries des Lebens" für die Jugend, die Universitätsbilder für die letztvergangene Zeit. So sei zum Schlusse der Hoffnung Ausdruck gegeben, daß wieder eine Aufgabe zur rechten Zeit dem Werke des Meisters von neuem Sinn und Ziel gebe, um die Kräfte zur höchsten Erfüllung zu spannen.

Die letzte Stunde. Holzschnitt. 1920.

Erdarbeiter. Lithographie. 1920.

NACHWORT.

Dem Liebhaber Munchscher Kunst werden einige Angaben über den Aufbewahrungsort hauptsächlicher Gemälde sowie über bisherige literarische Veröffentlichungen von Nutzen sein.

Die wichtigste Sammlung von Werken der frühen Epoche besitzt das Nationalmuseum in Kristiania. Es sind hier 22 Gemälde vereinigt. Die Titel sind folgende: Der Frühling (31*) und das Bildnis Hans Jägers (33) von 1889, der Tag danach (41), die Nacht (39), der Tod im Zimmer von 1894 (vgl. 62), die Brücke (44), Madonna (vgl. 107), Asche, Bildnis der Schwester (50), das Selbstbildnis von 1895 (52), der Franzose (81), das Porträt Meier-Graefes von 1895, zwei Winterlandschaften (75), eine

---

* Die Zahlen geben die Seitenzahlen der Abbildungen.

Herbstlandschaft mit zwei Mädchen, ein großes Bild, Mutter und Tochter am Meer, etwa 1900, ein Tanz (69) und drei kleine Frühwerke, nämlich das Bildnis Jörgen Sörensen (13), ein Mädchen am Waschtisch und eine Landschaft aus Nizza.

Nicht minder umfangreich ist die Sammlung des verstorbenen Herrn Rasmus Meyer in Bergen, die mittlerweile ebenfalls in öffentlichen Besitz übergegangen ist. Hier befindet sich von den Hauptwerken der Frühzeit das Bildnis der Schwester am Strande von 1889 (15), von den eigentlichen Jugendarbeiten der „Morgen" von 1884 (27) und ein Herr am Schreibtisch, ferner ein Halbakt und ein Rückenakt und zwei Landschaften in pointillistischer Technik. Von den Bildern, die in den Motivenkreis des ersten Frieses gehören, besitzt die Sammlung die Eifersucht (vgl. 71) den Todeskampf, eine Straße in Kristiania mit Spaziergängern und die „Dreigestalt des Weibes", datiert 1894 (vgl. 45). Aus dem Jahre 1892 stammt das Bildnis eines Mädchens in gestreiftem Kleid, von 1898 das Porträt einer Dame in grünem Plüschsessel. In Aasgaarstrand ist eine Landstraße mit roten Dächern und ein Bild mit Mädchen auf der Straße gemalt. In die gleiche Zeit gehört ein braunes Haus. Von 1902 eine Straße mit Frauen (vier Lebensalter), von 1903 eine Brücke mit Mädchen, voran Frau Aase Nörregaard (ähnlich 128), Bildnis Walter Rathenau (etwa 1907), zwei Mädchen in Halbfigur (1907), der Kristianiafjord mit dem Rauch einer Lokomotive im Vordergrund (vgl. 185), ein badender Jüngling von 1909 (vgl. den linken Flügel des Triptychons, 126), ein Selbstporträt aus dem gleichen Jahre und eine Landschaft „Wald von Kragerö im Schnee". Wichtige Privatsammlungen, die zumeist Werke der jüngsten Epoche enthalten, bei den Herren Mustad und Stang in Kristiania. Ebendort im Besitz des Herrn Rode der größte Teil des Frieses aus dem Berliner Kammerspielhaus.

In Stockholm besitzt Herr Bankdirektor Thiel eine Landstraße mit zwei Frauen und einem Kind, nochmals eine Brücke ähnlich der in Bergen, datiert 1903, die jüngste Fassung des kranken Mädchens von 1907 (vgl. 34), zwei Herrenbildnisse in ganzer Figur, aus der Weimarer Zeit ein großes Idealporträt Nietzsches, das Bildnis der Frau Förster-Nietzsche, beide 1906 datiert, und eine Schneelandschaft (ähnlich 122), aus neuerer Zeit einen Baum mit Sonne.

Das Bildnis der verstorbenen Frau Nörregaard (79) besitzt deren Gatte (in Vindern bei Kristiania), hier ferner ein Doppelporträt des Ehepaares, die allererste Fassung des kranken Mädchens (vgl. 34), badende Frauen (vgl. 95), die Schwester des Künstlers am Fenster, eine Frau vor einem Hause in Sommernacht, die große Baumwurzel am Meer. Die Fjordinsel (74) hängt bei Herrn Jens Thiis, dem Direktor des Nationalmuseums in Kristiania.

Das Mittelbild des ersten Triptychons badender Männer, das auf der Brüsseler Weltausstellung zu sehen war, wurde von dem Museum in Helsingfors erworben (vgl. 126), das Bildnis Jappe Nilssens (138) von dem Museum in Stockholm. Im Museum von Göteborg befindet sich das lebensgroße Porträt des Herrn Gjerlöff. Das Museum in Kopenhagen besitzt zwei Werke des Künstlers. Die Staatsgalerie in Wien erwarb eine Studie zu dem großen Bilde badender Männer (vgl. 126) von 1907 und den Park von Kösen im Herbst, 1906, die Bremer Kunsthalle ein Frühwerk, Kind und tote Mutter, das Städelsche Institut in Frankfurt a. M. den Schlächter (179) und ein Mädchen im Zimmer, die Staatsgalerie in München einen Mann mit Pferd (vgl. 195), das Museum Matsukata in Tokio die Schneearbeiter (141) und ein Mädchen im Freien.

Eine größere Zahl Munchscher Gemälde hat in deutsche Privatsammlungen Eingang gefunden. Neben Berlin sind vor allem Lübeck und Hamburg zu nennen. Das Haus des Herrn Dr. Max Linde birgt eine besonders schöne und einheitliche Serie von Gemälden, die an Ort und Stelle entstanden sind, zumeist Familienbildnisse und Aufnahmen von Haus und Garten. Im zweiten Jahrgang der Zeitschrift „Kunst und Künstler" (1904) waren gelegentlich einer Besprechung der Sammlung einige der Werke abgebildet (vgl. 135). Herr Dr. Schiefler in Hamburg besitzt außer einer reichen Sammlung Munchscher Graphik die Schneelandschaft (122) und einige andere Gemälde. Kleinere Sammlungen in Weimar, Jena, Chemnitz (Familienbilder bei Herrn Esche, darunter 136 und die Landschaft 185), Breslau, Wien und an anderen Orten.

Für das Studium von Munchs Graphik bietet an öffentlichen Sammlungen das staatliche Kupferstichkabinett in Berlin die vorläufig beste Gelegenheit. Privatsammlungen sind an verschiedenen Orten neu entstanden.

Die Angaben der älteren Besitzer in dem Katalog von Dr. Gustav Schiefler sind größtenteils nicht mehr zutreffend.

Dieser Katalog von Munchs graphischem Werk, der im Jahre 1907 (Berlin, Bruno Cassirer) erschien, ist die wichtigste literarische Veröffentlichung über den Künstler. Daneben ist das Sonderheft der Zeitschrift „Kunst og Kultur" (Bergen—Kristiania, John Grieg, 1913, 4. Jahrg., Nr. 2) zu nennen mit Beiträgen von Jens Thiis, Jappe Nilssen, Christian Gjerlöff und Sigurd Höst sowie zahlreichen Abbildungen. Im Jahre 1894 erschien bei S. Fischer in Berlin eine Broschüre: „Das Werk des Edvard Munch", vier Beiträge von Stanislaus Przybyszewski, Franz Servaes, Willy Pastor und Julius Meier-Graefe. Zehn Jahre später gab Dr. Max Linde eine kleine Studie über den Künstler heraus, mit einer Anzahl Abbildungen geschmückt. In der Serie „Moderne Illustratoren" (München und Leipzig, R. Piper & Co.) veröffentlichte Hermann Eßwein ein ebenfalls illustriertes Heft über Edvard Munch. Die zahlreichen Aufsätze in Zeitschriften und Tageszeitungen, die zumal gelegentlich der Ausstellungen erschienen, im einzelnen zu nennen, würde zu weit führen, auch enthalten sie kaum wichtige Daten. Von Gelegenheitsschriften verdient nur das Heft Erwähnung, das aus Anlaß der ersten Ausstellung von Munchs Entwürfen für die Universitätsbilder im August 1911 ausgegeben wurde. Es enthält das ausführlich begründete Urteil der drei Juroren Joakim Skovgaard, Prof. Dietrichson und Direktor Thiis. Ein Aufsatz des Verfassers in der Zeitschrift für bildende Kunst (N. F. 49, 161) gelegentlich der Berliner Ausstellung der Universitätsbilder bringt die vollständige Reihe der Abbildungen der ersten und zweiten Fassung der Entwürfe.

Wichtige Angaben enthält der von Dr. Wartmann verfaßte Katalog der Ausstellung im Zürcher Kunsthaus von 1922, die neben einigen siebzig Gemälden eine noch nie in gleicher Vollständigkeit gegebene Übersicht des graphischen Werkes brachte.